나는 착한 사람이고 싶지 않다

CHO HOUFUKU-RYOKU
Copyright © 2021 by Mentalist DaiGo
All rights reserved.
Interior illustrations by Minoru SAITO(G-RAM.INC)
First original Japanese edition published by PHP Institute, Inc., Japan.
Korean translation rights arranged with PHP Institute, Inc.
through Danny Hong Agency.

나는 착한 사람이고 싶지 않다

지은이 멘탈리스트 다이고
옮긴이 조미량
펴낸이 이규호
펴낸곳 북스토리지

초판 1쇄 인쇄 2022년 9월 05일
초판 1쇄 발행 2022년 9월 15일

출판신고 제2021-000024호
10874 경기도 파주시 청석로 256 교하일번가빌딩 605호
E-mail b-storage@naver.com
Blog blog.naver.com/b-storage

ISBN 979-11-92536-99-6 03180

나는 착한 사람이고 싶지 않다

멘탈리스트 다이고 지음 | 조미량 옮김

싫은 놈을 역이용하는 최강의 보복 심리학

괴롭힘을 당한 경험을
통해 강인하게 거듭나다

8년간 괴롭힘을 당하다가 인생을 바꾸다

괴롭힘을 당한 경험이 있거나 지금 이 순간 학교나 회사에서 괴롭힘을 당하고 있는 사람도 있을 것이다.

괴롭힘이란 학교뿐만 아니라 직장 혹은 이웃 사이에서도 일어난다.

왜 인간은 특정한 누군가를 때리거나 여러 명이 함께 한 사람을 괴롭히는 것일까?

예를 들어 연예인에게 안 좋은 일이 생겼을 때 언론에서 특종을 내면 온갖 언론뿐만 아니라 일반인까지도 SNS(소셜 네트워킹 서비스) 등으로 해당 연예인을 공격하는 것만 봐도 알 수 있듯 괴롭힘이나 남을 궁지로 몰아넣는 행동은 우리 사회에서 아마 사라지지 않을 것이다.

나는 초등학교 1학년 때부터 중학교 2학년 때까지 8년간 괴롭힘을 당했다. 당연하지만 괴롭힘을 당하면 너무 힘들다. 신발 속에 압정이 있거나 화장실에 들어가 있을 때 물벼락을 맞거나…….

지금처럼 스마트폰이 있었던 것도 아니었기 때문에 증거를 남기기 위해 사진을 찍을 수도 없었고 학교 선생님도 도와주지 않았다.

괴롭힘을 당한 사람은 자신이 살 가치가 없는(이런 생각까지 하지 않는다고 해도), 괴롭힘을 당해도 되는 존재라고 생각하게 된다. 나도 그랬다. 자신이 무력하다는 사실을 받아들이면 그런 게 보통이라는 생각에 그 상황을 견디게 되기 때문이다.

가끔 괴롭힘을 당하는 자신을 받아들이지 못하고 안타깝게도 스스로 죽음을 택하는 사람도 있다.

그렇다면 정말 괴롭힘을 당하는 사람은 그냥 견딜 수밖에 없는 것일까? 전혀 그렇지 않다.

나는 괴롭힘을 당하고 스스로 바뀌어야겠다는 강한 결심으로 중학교 2학년 때 나를 괴롭히던 아이에게 되갚아줬다. 그리고 그때부터 자신을 완전히 바꾸려고 노력해 인생을 바꾸는 데 성공했다.

괴롭힘을 당하면 되갚아준다

"너는 이 회사에 필요 없는 사람이야."라고 말하는 사람이 있을지 모른다. 그러나 혹 그 회사에서는 필요 없을 수 있다 해도 사회에서도 필요 없는 존재인지는 알 수 없다.

머리를 써서 사업을 하거나 YouTube 등으로 크게 성공해서 엄청나게 돈을 벌면 그런 말을 했던 사람에게 보란 듯이 얼마든지 되갚아줄 수 있다.

그때 나를 괴롭히던 사람들이 지금 어떤 일을 하고 있는지 모르겠다. 만약 평범하게 일하고 있다면 그들이 평생 버는 액수를 나는 3개월에서 6개월간 번 수입의 세금으로 납부하고 있다.

표현이 좀 그렇지만 그들과 나는 살고 있는 세계가 다르다. 지금 생각하면 나를 괴롭히던 아이들과 그것을 못 본 척했던 선생님을 용서할 수 없지만, 어떤 면에서는 고맙다고 할 수 있을 것 같다.

괴롭힘을 당하고 있다고 해서 '그래서 내 인생은 안 되는 거야.'라고 생각하지 말자. 물론 괴롭힘에서 다시 일어서는 데 걸리는 시간은 사람마다 다르고 지금은 빛이 보이지 않는다고 생각하는 사람도 있을 것이다. 하지만 그것을 극복하면 괴롭힘 당한 쪽이 압도적으로 강해질 수 있다.

한번 괴롭힘을 당하고 나면 인생을 사는 동안 두렵지 않다.

나도 어릴 때 주변 모두가 적으로 보인 적이 있었다. 하지만 그 덕에 지금은 안티에게 무슨 말을 들어도 미디어에서 뭐라고 떠들어도 이제는 스치는 바람처럼 느껴진다.

왜냐하면 모두 합심해서 나를 괴롭히는 것이 아니라 비록 적이 있다 해도 YouTube나 독자적으로 제공하는 동영상 서비스인 'D랩(Dラボ)'을 봐 주는 사람들이 있고 동료가 있기 때문이다. 내 편이 되어줄 사람이 있다는 것을 알고 있기 때문에 맞아도 하나도 아프지 않다. 그러면 사람은 강해질 수 있다.

괴롭힘을 당하면 되갚아주면 된다.

이 책에서는 내 자신의 경험에 더해 과학적인 근거를 제시하면서 괴롭힘이나 싫어하는 사람과 마주해 그것을 극복하는 방법을 소개하려 한다.

독자들도 지금 이 순간을 극복하면 앞으로 두려운 것은 아무것도 없다고 생각하길 바란다. 자신을 몰아세우는 일은 그만두자. 자신의 방식대로 생각하는 것이 중요하다. 반드시 빛은 보인다. 그 빛이 보이기 시작만 하면 보통 사람이 보는 빛보다 더 눈부실 것이다.

모든 것을 버린 내가 동료들과 사업을 시작했다

괴롭힘을 당했던 8년간 나는 친구가 없었다. 그런 내가 어떻게 살아 있을 수 있었는가 하면 무력한 것을 배우는 슬픈 성격(학습성 무력감)에 의한 것이었다. 나는 가치가 없는 쓸모 없는 인간이기 때문에 괴롭힘을 당해도 어쩔 수 없다고 스스로 생각하고 있었다.

그때 내가 배운 것은 '자기를 포기하는 힘'이다. 나는 그렇게 생각했었다. 많은 사람이 자신의 성공이나 자신의 전문적인 업무, 다른 사람이 자신을 어떻게 생각하고 있는지 등에 집착한다. 그런 것들에 매달리게 되는 것이다.

하지만 난 내 안에 매달릴 것이 없었다. 나 자신은 아무것도 내세울 게 없는 인간이라고 생각하고 8년간 모든 것을 포기하는 연습을 해왔기 때문에 버리는 것에 익숙해져 있었기 때문이다.

그래서 나는 이제 언제든 손에 넣은 것을 버릴 수 있다. 연예인이라는 지위도 버릴 수 있다. 돈을 벌 수 있는 다른 방법도 있는데다 다른 사람의 칭찬을 받고 싶은 생각도 없다.

지금은 동영상 제작이나 작가로 일하고 있지만 이것들보다 더 하고 싶은 일이나 좋은 일이 생기면 이 일들은 집착 없이 버릴 수 있다. 내가 절대 버릴 수 없는 것은 책과 고양이 정도가 아닐까 싶다. 이것이 괴롭힘에서 배운 것이다.

가진 것이 없는 인간은 잃을 것이 없기 때문에 매우 강하다. 지금 자신이 갖고 있는 것이나 소중하다고 생각하는 것도 그것보다 더 좋은 것이 생기면 언제라도 버릴 수 있다고 생각한다. 어떻게 보면 하고 싶은 대로 하고 사는 것이다.

그렇게 모든 것을 버리며 살아온 내가 이제 동료들과 사업을 하고 있다. 정말 대단한 일이라고 생각한다.

나 자신도, 함께 있는 동료들도 모두 혼자서 충분히 잘 살수 있는 사람들이다. 그럼에도 그들과 함께 사업을 하는 이유는 진정한 친구이자 동료이기 때문이 아닐까 한다.

혼자서도 잘 살 수 있는 사람들이 함께한다면 거기에는 특별한 의미가 있다. 하지만 누군가와 같이 있지 않으면 잘 살 수 없는 사람들이 함께한다면 그것은 진정한 우정이 아니다. 이것이 내 생각이다.

괴롭힘을 당했기 때문에 모든 것을 포기했지만, 그렇다면 지금 남아 있는 것은 그 무엇과도 바꿀 수 없는 것이지 않을까? 하는 것이 내 생각이다. 그리고 괴롭힘을 당했던 경험은 현재 나를 지켜주는 가장 강력한 요새가 되었다.

궁지에 몰렸을 때 내게 남는 것

대학 졸업 후 멘탈리스트가 되어 텔레비전에 출연하게 되었다. 그렇지만 텔레비전의 세계에는 '거짓말'하는 사람이 많은 데다 수입이 안정적이지 않은 반면 구속 시간은 쓸데없이 길어 자유가 없었다. 텔레비전에 나오는 연예인들은 좋은 옷을 입고 고급 레스토랑에서 밥을 먹는 등 풍족하게 생활하는 것처럼 보인다. 하지만 이건 그저 화려하게 보여주기 식에 불과하다.

연예인이 매니저와 친해져서 개인 소속사를 만들지 않도록 정기적으로 매니저를 바꾸는 소속사도 있다. 또한 소속 연예인의 열애 보도를 소속사가 직접 흘리기도 한다. 당연히 소속사에서는 진화에 나서기 때문에 그것을 방패 삼아 저렴한 급여로 일하게 만든다.

사정이 이러하니 아무도 아무것도 믿을 수 없어 이상한 종교나 무속에 빠지는 연예인도 있는데 그와 똑같은 일이 내게도 일어났다. 인간 불신에 빠져 일을 방치하고 한때 돈에만 충성하는 사람들과 어울렸다. 이 세상에 믿을 것은 돈뿐이라고 생각했기 때문이다. 결국 누군가에게 의존해서는 안 된다는 것이다. 서로 독립적인 사람들끼리 어울려야 한다. 나는 나, 너는 너, 하지만 함께 있으면 큰 일을 할 수 있는 관계여야 한다.

나는 그런 사람과만 어울려야겠다고 생각했다. 그리고 남과 장소, 특히 큰 권력에 의존하지 않는 일을 해야겠다고 결정했다.

나는 내가 겪은 과거의 실패도 괴롭힘을 당했던 일도 숨김없이 말하고, 싫은 일을 했던 사실도 가감없이 공개하고 있다. 그랬던 사람도 변할 수 있었으니 어쩌면 당신도 할 수 있을지도 모른다고 생각했으면 좋겠다.

인간은 자기 자신에게만 기대해야 한다. 남에게 기대하기 때문에 배신당하는 것이다. 당시의 나는 맘대로 기대했다가 배신당하고 그 결과 혼자 침울해 했었다.

의지할 상대가 사라져 영원히 혼자서도 할 수 있는 일을 해보자는 생각으로 이뤄낸 것이 현재의 상황이다.

중요한 것은 실패하느냐 아니냐, 좌절하느냐 아니냐가 아니라 거기에서 무엇을 배울 수 있는가다. 내게 제일 중요한 것이 무엇인지, 모든 것을 잃었을 때 남는 것은 무엇인지를 파악하기 위해 '궁지'라는 것이 존재한다. 궁지에 몰렸을 때 이를 이용하지 않는 것은 너무 아깝다.

지금까지 좌절해 본 적이 있는 사람, 지금 좌절하고 있는 사람, 아니면 곧 좌절하게 될지도 모르는 사람들은 이 점을 명심하자. 분명 거기에서 해답을 찾을 수 있을 것이다.

차례

제 **2** 장
성가신 인간관계는 이렇게 피한다

제 **3** 장
직장에서 받는 상처와 고민은 이제 안녕!

제 **4** 장
인생의 보물을 손에 넣자

제 **1** 장

인간관계는 왜 뒤틀리는 것일까

괴롭히는 아이와 괴롭힘을 당하는 아이가
가진 의외의 공통점

먼저 괴롭힘 문제를 안고 있는 아이들의 일반적인 특징을 분석한 연구를 소개하려 한다. (이 책에서는 괴롭히는 아이, 괴롭힘을 당하는 아이 모두를 아울러 '괴롭힘 문제를 안고 있는 아이'라고 정의한다.) 단 괴롭힘을 당하던 나의 경우는 이 연구 결과에 해당되지 않으니 모두가 그렇다는 것은 아님을 강조해 두겠다.

부모라면 누구나 자신의 아이가 괴롭히는 쪽이나 괴롭힘 당하는 쪽이 되지 않기를 바랄 것이다.

올해 플로리다 애틀랜틱 대학교(Florida Atlantic University)의 연구에 따르면 괴롭힘 문제를 안고 있는 아이들의 양육 방식에는 공통된 특징이 있는 것으로 나타났다.

이 연구는 13세 어린이 1,409명을 모아 3년간 추적 조사를 실시했다. 괴롭힘 관련 연구로는 꽤 긴 기간 동안 시행된 편이다.

연구팀은 아이의 지성, 가정 환경, 태어난 때, 형제자매 중 몇 번째로 태어났는지 등 다양한 데이터와 대조하여 괴롭히는 쪽이 되기 쉬운 아이, 괴롭힘을 당하기 쉬운 아이에게 어떤 공통점이 있는지를 조사했다. 그 결과 부모의 양육 방식이 매우 큰 영향을 미치고 있다는 사실을 알게 되었다. 물론 괴롭힘의 원인은 굉장히 복잡하지만 괴롭힘 문제를 안게 될 가능성을 가장 높게 만드는 요인은 부모의 양육 방식이었다.

그렇다면 어떤 공통점이 있을까? 바로 자녀를 모욕하는 부모 밑에서 자라는 경우가 상당히 많았다.

예를 들면, 아이가 무언가를 잘 하지 못했을 때

"왜 너는 이런 것도 못 해!"

"너 바보야?"

"다른 애들은 다 하는데……"

"○○는 너보다 더 많이 공부하고 있어."

"너 학비를 내주는 건 부모야."

이런 식으로 아이의 자존심이 상하게 혼내는 부모다.

공부하지 않는 아이에게 "공부해!"라고 직설적으로 주의를 주는 것은 문제가 없지만 모욕적이거나 자존심이 상하게 혼난 아이는 괴롭힘 문제를 안게 될 가능성이 높은 것으로 나타났다.

이러한 양육 방식으로 자란 아이는 자신이 목표를 달성할 만큼의 능력을 가지고 있는 자신감(자기 효능감)을 잃어버리기 쉽고 괴롭힘을 당했을 때 말하지 않고 참거나 주변에서 도와줄 때까지 기다리기 쉽다. 또한 모욕을 당하기 때문에 부모를 의지하지 못하고 남과 제대로 거리를 두지 못하며 마음에 안 드는 사람에게 공격적이 되기도 한다.

이 연구에서는 부모가 대상이었지만 교사 등도 똑같은 결과가 나오지 않을까 추측된다. 아이를 꾸짖거나 주의를 주는 경우 모욕적인 말은 삼가는 것이 좋다.

앞서 말한 것처럼 부정적이고 빈정거리는 듯한 표현으로 부끄러움과 죄책감을 자극하여 자녀를 통제하려는 부모를 '심리적으로 조정하려는 부모'라고 한다. 이렇게 심리적으로 조정하면 삶의 만족도가 현저히 떨어지고 정신건강이 나빠져 아이의 미래가 망가진다.

덧붙여 런던 대학교(University of London)가 5,300명의 육아 스타일을 조사한 데이터를 보면 소년기, 중년기, 장년기의 행복도와 부모의 양육 방식과의 관계를 살펴보니 이른바 '악영향을 끼는 부모'에게는 심리를 조정하려는 경향이 있었다.

아이의 사생활을 침해하고 아이를 모욕하며 아이에게 결정권을 주지 않고 모두 부모가 승낙해야 하는 경우 아이를 한 인간으로 보지 않고 자신들의 소유물로 심리를 조정하고 있다고 볼 수 있다. 이렇게 양육하면 아이는 주변 사람들과 거리를 제대로 두지 못하거나 친구들 틈에 들어갈 수 없거나 공격적이 되어 다른 사람을 때리는 등 괴롭힘 문제를 안게 되는 것이다.

▌괴롭히는 아이가 이득을 본다는 말의 진실

사실 좀 안타까운 연구 결과가 있다. 어린 시절 괴롭힘의 가해자와 피해자 중 어느 쪽이 인생에서 더 득을 보는지 조사했는데, 괴롭힘을 인생을 바꾸는 계기로 삼지 않았을 경우 괴롭히는 아이가 압도적으로 득을 보는 것으로 나타났다.

미국의 듀크 대학(Duke University) 등의 연구에 따르면 어릴 때 친구나 학우를 괴롭히던 아이는 괴롭힘과 관련이 없었던 사람에 비해 어른이 된 후 건강할 가능성이 높은 것으로 시사되었다.

이것은 1993년에 미국의 노스캐롤라이나주에서 시작된 건강 조사의 데이터를 바탕으로 한 것으로 1,420명의 아이들을 대상으로 9세 때부터 20대 초반이 될 때까지 반복적으로 조사를 실시했다. 조사 내용은 얼마나 괴롭힘을 당했는지 그리고 해당 인물의 혈액 등을 검사해 얼마나 건강한지를 알아보는 것이었다.

그 결과 괴롭히던 사람이 괴롭힘을 당했거나 괴롭힘과 관련이 없는 사람들보다 건강한 것으로 나타났다.

구체적으로는 어릴 때 반복적으로 남을 괴롭히던 사람은 성인이 된 후에 CRP(C-반응성단백)라는 체내의 염증과 노화의 정도를 측정할 때 사용되는 수치가 낮았다. 즉, 어린 시절에 반복해서 괴롭히던 사람이 체내 염증이 적은 것이다.

그렇다고 괴롭히는 아이가 되는 것이 좋다는 뜻은 아니다. 그런 뜻이 아니라 괴롭히던 아이가 어른이 된 후 아무렇지도 않게 득을 보고 있기 때문에 더 용서할 수 없다는 이야기다.

반대로 어릴 때 괴롭힘을 당했던 사람을 살펴보면 성인이 된 후 CRP 지수가 가장 높았다. 즉, 어릴 때 괴롭힘을 당하고 그대로 어른이 되면 체내의 CRP가 높아 뇌의 염증이 원인인 우울증을 앓거나 신체의 노화가 빨리 진행되어 불안을 느끼기 쉽고 스트레스에 약해질 가능성이 높아지는 것이다.

어린 시절 괴롭히는 쪽과 괴롭힘 당하는 쪽을 모두 경험한 사람도 있을 것이다. 이런 사람의 CRP는 보통이었다. 즉, 어릴 때 괴롭히는 쪽이었다면 CRP가 내려가고 괴롭힘을 당하는 쪽이었다면 CRP가 올라가는데 둘 다 경험하면 이것이 상쇄된다는 것이다. 이것을 보면 신은 무척이나 잔인하다.

참고로 원래 CRP가 높고 신체가 약했기 때문에 괴롭힘을 당한 것이 아닌가 하는 반론이 있을 수 있다. 하지만 그것과는 관계가 없다는 사실도 조사로 밝혀졌다. 원래 건강했는지 여부와 관계없이 괴롭힘을 당했기 때문에 체내 CRP가 올라갔다는 것이다.

괴롭히는 아이의 CRP가 낮아지는 이유는 정확히 알 수 없지만 연구팀에 따르면 괴롭히면서 사회적 지위가 높아진 것 같은 착각을 느끼기 때문이 아닐까 추측한다.

실제로 성인이 되어 사회적 지위가 높거나 자신이 지위가 높다고 생각하는 사람, 사회적으로 인정받고 있는 사람이나 회사에서 지위가 높은 사장이나 임원이 그렇지 않은 사람에 비해 건강하다는 것을 알 수 있다.

사회적 지위는 신체의 건강이나 체내의 CRP와 관련이 있다. 그런 의미에서 사회적으로 성공하거나 지위를 높이는 일은 매우 중요하다.

어린 시절에는 사회적 지위를 느낄 일이 그다지 없다. 공부를 잘한다고 해서 사회적 지위가 높은가 하면 그렇지는 않고 학력에서 차이가 날 수는 있어도 같은 학교 안에서의 지위는 변하지 않기 때문이다.

따라서 어린 시절 사회적 지위의 차이는 괴롭히는 쪽인지 괴롭힘을 당하는 쪽인지로 결정되며 그것이 어른이 된 후 체내 CRP에 상당한 영향을 미친다는 연구 결과다.

한편, 괴롭힘을 당하는 것과 관련해서는 과거의 연구에서도 나쁜 점이 많이 알려져 있으며 어릴 때에 괴롭힘을 당한 경험은 성인이 된 후 스트레스에 약한 신체를 만든다는 보고가 있다. 요컨대 괴롭힘을 당한 경험이 있는 사람들은 어른이 되어서도 족쇄가 채워져버리는 것이다.

그렇기 때문에 남들보다 더 노력하지 않으면 성공하지 못한다거나 과거의 트라우마 때문에 자신은 성공할 수 없다고 생각하는 사람도 있을 수 있다.

하지만 이 연구의 좋은 점은 어린 시절에 괴롭힘을 당했기 때문에 어른이 된 후 염증이 생기기 쉽다는 것을 이해하여 염증이나 불안, 우울증에 대한 대책을 세우면 된다는 것을 알 수 있다는 것이다.

▌고통스러운 일상을 바꾸는 강력한 무기 세 가지

그렇다면 지금 너무나 힘든 상황에 있는 사람은 어떻게 하면 인생을 바꿀 수 있을까? 여러분이 고통스러운 일상을 바꿀 수 있는 세 가지 강력한 무기를 소개하겠다.

❶ 표현적 글쓰기(Expressive Writing) : 쓴 글 보여주기

인간은 스트레스가 가해지거나 궁지에 몰리면 거기서 벗어나는 것이 매우 어렵다. 왜냐하면 그러한 때에는 시야가 더 좁아지기 때문이다.

평소에는 무엇인가에 도전하거나 제대로 문제를 바라보고 해결책을 생각해 자신의 인생을 더 좋게 만들 수 있다. 엄청난 천재 말고는 인간의 능력에는 그다지 차이가 없기 때문에 공부나 노력으로 누구든 대단한 존재가 되어 가는 것이다. 이것이 핵심이다.

하지만 궁지에 몰리면 인간의 능력이 낮아진다. 낮아진 능력이 자신의 능력이라고 착각하면 거기서 헤어나올 수 없게 되어 자신은 아무것도 할 수 없는 무력한 인간이라고 생각하게 된다.

따라서 먼저 스트레스와 궁지에 몰려 낮아진 능력을 원래 대로 되돌리는 것부터 시작해야 한다. 이를 위해 가장 유용한 방법이 바로 표현적 글쓰기다.

표현적 글쓰기란 1980년대부터 시작된 매우 간단한 심리 요법이다. 자신이 체험 중인 부정적인 경험이나 감정, 머릿속에 떠오르는 부정적인 생각을 그냥 종이에 쓰면 된다. 매우 간단하다.

구체적인 예를 들면 괴롭힘을 당해 힘들었던 점이나 회사에서 괴롭힘이라 느꼈던 일 등 자신의 감정을 그냥 종이에 쓴다.

'회사에서 ○○씨가 기획 진행 방식에 대해 이유 없이 화를 내서 힘들었다.'

'저 사람이 이렇게 웃는 게 무섭고 매일 회사에 가기 싫다.'

이런 식으로 그냥 쓰기만 하면 된다.

이 표현적 글쓰기를 연구한 결과는 수백 개가 넘는다. 불안이나 우울증 개선, 스트레스에 효과가 높은 것으로 확인되었다. 매일 8분 이상 쓰는 것을 추천한다. 하지만 최대 20분까지만 쓰길 바란다.

실제로 표현적 글쓰기를 하면 부정적인 감정이 줄어든다. 하루 8분간 매일 하면 몇 주, 또는 몇 개월 만에 우울증이나 불안, 감정의 기복이 줄었다는 것이 1997년 연구에서도 확인되었다. 그 밖에도 2009년 연구를 살펴보면 행복이나 인지기능이 높아진 것이 확인되었다.

일본에서 진행된 연구에서도 정신을 회복시키거나 집중력을 높여주는 것이 밝혀졌다. 그뿐만이 아니다.

'감정 조절을 관장하는 작업 기억(Working memory)이 5주 만에 개선되었다.'

'부부 관계나 연인 관계가 좋아졌다.'

이러한 효과도 확인되었다.

대하기 어려운 사람, 싫어하는 사람에 대해 표현적 글쓰기를 하다 보니 그 사람을 용서할 수 있는 감정이 생겼다는 연구도 있다. 따라서 화가 났을 때 하면 침착하게 대처할 방법이 보일 것이다.

중요한 것은 자신이 느끼고 있는 부정적인 감정이나 그날 느꼈던 불편한 체험을 가능한 구체적으로 쓰는 것이다.

이때 '오늘도 최악이었다.'라는 식으로 쓰면 안 된다. 구체적으로 누구에게 어떤 일을 당했고 그때 느낀 감정은 어떤 것이었는지 구체적이고 상세하게 써야 한다.

'오늘은 이 사람에게 이 시간에 이런 말을 듣고 정말 최악

이라고 생각했지만 그 최악이라는 감정에는 약간의 부끄러움과 슬픔이 뒤섞인 것 같다.'

이렇게 가능한 구체적으로 세세하게 쓴다. 자세히 쓰면 쓸수록 그 감정에 얽매이는 일이 사라진다.

❷ 성장 마인드셋 알아보기

인간은 '고정 마인드셋(Fixed Mindset)'과 '성장 마인드셋(Growth Mindset)'이라는 두 가지 사고방식을 가지고 있다. 고정 마인드셋이란 '노력해도 나는 안 변한다.'라는 생각이다. 한편 자신의 노력이나 행동에 따라 확실히 바뀐다는 생각이 '성장 마인드셋'이다.

괴롭힘을 당하고 있는 사람이나 지금 무척 힘든 일상을 보내고 있는 사람은 고정 마인드셋인 사람이 많다고 할 수 있다. 돈에 관해서도 빈곤 상태인 사람일수록 고정 마인드셋이라고 알려져 있다. 그 상황에서 벗어날 수 있다고 믿지 않기 때문에 가난에서 벗어날 수 없는 것이다.

성장 마인드셋에 대해 알기만 해도 현재 상황에서 벗어나는 데 효과적이라고 알려져 있다. 미국의 캘리포니아 고등학교에서 이루어진 연구로 158명의 학생을 대상으로 '사람은 바뀔 수 있다고 생각합니까?'라는 설문조사를 실시했고 그 1년 후에 재조사를 실시했다.

그에 따르면 '사람은 바뀔 수 있다고 생각한다'는 생각을 가졌던 학생일수록 자기 자신을 긍정적으로 바라보고 자신을 좋아하며 스트레스나 불안을 느끼는 일도, 병에 걸리는 일도 적었던 것으로 나타났다. 그러니까 정신적으로도 신체적으로도 매우 좋은 상태가 된 것이다.

그리고 실험자가 학생에게 말했다.

"인간은 변할 수 있는 힘이 있습니다. 만약 왕따를 당하거나 괴롭힘을 당해도 그것이 여러분의 성격에 어떠한 결함이 있거나 문제가 있다는 뜻은 아니에요. 왕따를 시키는 사람도 괴롭히는 사람도 뼛속까지 악마는 아니에요. 인간은 변하기 때문에 그러한 학생도 원인이 되는 무언가 때문에 나쁘게 변하고 있는 것뿐일지도 몰라요. 괴롭히는 아이들에게도 복잡한 동기가 있었을지도 모릅니다. 여러분도 앞으로 크게 달라질 가능성, 기회가 있습니다."

이렇듯 사람은 변하며 지금 일어나고 있는 일은 일시적인 것임을 가르쳤다.

1년 후 이러한 이야기를 나눈 학생과 이야기하지 않은 학생을 비교했다. 그 결과 이야기를 들은 학생들은 성장 마인드 셋이 생긴 듯 이야기를 듣지 않았던 학생들에 비해 스트레스가 적고 성적도 좋아졌다.

'사람은 바뀔 수 있다'라는 것을 믿게 되면 정신 상태가 달라진다. 그러면 넓은 시야를 가지고 사물을 결정할 수 있게 되고 정말 자기를 바꿀 수 있게 된다.

확실히 성격의 반은 태어날 때부터 정해져 있지만 그 외 부분은 인간관계 등에 따라 달라진다. 성격까지도 바꿀 수 있으니 여러분도 '나는 바뀔 수 있다'라고 믿으면 그것만으로도 효과를 얻을 수 있을 것이다.

❸ 근력 운동하기

표현적 글쓰기로 정신이 안정되고 성장 마인드셋으로 '나는 바뀔 수 있다.'고 믿게 돼도 어디서부터 바꿔가야 할지 모르는 사람이 대부분일 것이다.

대부분 고민하거나 헤매는 사이에 역시 나는 안 될지도 모른다고 포기하고 원래대로 돌아가 버린다. 그래서 여기까지 진행했을 때 남녀를 떠나 바로 실행하길 바라는 것이 있는데 바로 운동이다.

영국의 이스트 런던 대학교(University of East London)의 케이트 헤퍼론(Kate Hefferon) 교수는 자신의 행동에 따라 미래를 바꿀 수 있는 '자기 효능감'을 단련하려면 운동이 효과적이라고 발표했다.

헤퍼론 교수는 트라우마가 될 만한 것을 경험한 사람이 그것을 극복한 끝에 크게 성장한다는 PTSG(Post Traumatic Stress Growth, 심리적 외상 후 스트레스 성장)에 대해 연구 중인데, PTSG는 PTSD(Post Traumatic Stress Disorder, 정신적 외상 후 스트레스 장애)의 성장판이다. 힘든 일을 경험한 후 정신적으로 무너지는 것이 PTDS이고, PTSG는 트라우마가 되는 상황을 경험하고 그것을 극복했을 때 더 크게 성장하는 것을 뜻한다.

예를 들어 근력 운동을 시작하면 처음에는 20킬로그램의 바벨밖에 못 들었는데 꾸준히 하다 보면 30킬로, 40킬로를 들어올릴 수 있게 된다. 이렇듯 꾸준히 하다 보면 서서히 자신이 성장하고 있다고 느낄 수 있다.

그렇게 되면 자기 효능감이 생겨 좋아지고 있다, 성장하고 있다고 느끼기 쉬워진다. 근력 운동이나 스포츠는 '나는 바뀔 수 있다'라고 믿고 처음 하는 것으로 매우 좋은 선택이다

그뿐만이 아니다. 이후 실제로 효능감을 통해 다른 부분에도 자신감이 생긴다.

근력 운동으로 신체가 바뀌어 주변으로부터 "살이 빠진 것 같다", "근육이 생긴 것 같다"라는 말을 들으면 진짜 노력하여 바뀌었을지 모른다는 생각이 든다.

이를 통해 다음과 같은 생각이 드는 것이다.

'그동안 학교 공부를 잘 못했는데 노력하면 성적이 오를지도 몰라.'

'대하기 어려웠던 사람과의 관계도 바꿀 수 있을지 몰라.'

'포기할 뻔했지만 앞으로 더 좋은 회사에 들어갈지도 모르니 이직을 생각해 보는 것도 좋을 것 같아.'

근력 운동과 스포츠를 통해 얻은 자신감이 직장이나 인간관계에도 좋은 영향을 미치게 되는 것이다. 이를 전문적으로는 운동에 의한 긍정적 신체 이미지(Positive Body Image)라고 하며 '신체에 대한 좋은 이미지가 형성되어 일어난다.'고 알려져 있지만 그렇게 되면 남들의 눈도 신경 쓰이지 않게 된다.

나도 괴롭힘을 당하고 있을 무렵 주변의 눈을 의식해 오로지 눈에 띄지 않게 지냈다. 주변에서 어떻게 생각할지 굉장히 신경을 썼었다. 괴롭힘을 당하지 않기 위해 도망치거나 숨듯이 살았는데 도망치거나 숨어도 결국은 괴롭힘을 당한다.

그러니 도망치거나 숨을 필요가 없도록 '자기 효능감'을 익히는 것이 필요하다.

신체를 단련하면 얻을 수 있는 긍정적인 면이 하나 더 있다. 자신의 신체에 대해 좋은 이미지를 갖게 되어 옷을 벗고 있어도 자신감을 가질 수 있다. 자신의 신체에 만족하는 사람일수록 남의 눈이 신경 쓰이지 않는다는 연구 결과도 있다.

따라서 여러분도 표현적 글쓰기로 자신의 정신 상태를 바로잡고 성장 마인드셋을 이해하여 '나는 바뀔 수 있다.'는 것을 믿고 근력 운동을 해보기 바란다. 신체가 변하면 주변 사람들의 보는 눈이 달라져 인생도 크게 달라진다.

그 후에는 자신의 꿈에 도전해 나가면 된다.

미움 받는 걸 두려워하면 생기는 대인 관계에서의 문제

캐나다 워털루 대학교(University of Waterloo)의 저명한 심리학자인 이고르 그로스먼(Igor Grossmann) 박사는 인간이 올바른 판단을 하는 데 중요한 것은 무엇인지를 연구하고 있다. 이 연구에서는 1,617명의 참가자에게 회사에서 일어나는 문제를 상정하게 하고 그것을 어떻게 해결하는지 들었다.

구체적으로 일할 때 일어날 수 있는 문제, 예를 들면 동료가 자신을 비상식적으로 비판하거나 억지를 부리는 경우를 6번 정도 상정하게 한다. 그 후 문제마다 해결책을 잘 내놓는 사람과 그렇지 않은 사람의 차이를 알아봤다.

그 결과 차이가 나는 이유는 머리가 좋고 나쁨이 아니라 '거절 민감성(Rejection Sensitivity)'이라는 것 때문에 생긴다는 것을 알게 되었다. 거절 민감성이란 거절당하는 것이 무섭고 다른 사람에게 거절당하는 것을 두려워하는 것으로, 이런 성향이 강한 사람일수록 문제를 해결하는 능력이 떨어지는 것이 확인됐다.

인간에게는 주변 사람의 행동에 맞춰 가능한 실수하지 않도록 하여 문제를 줄이려는 본능이 있다. 주변 사람에게 거절당할까 극도로 두려워한다. 그런데 거절당하는 것을 무서워하는 사람일수록 문제에 휘말리기 쉽다.

이 연구로 밝혀진 또 다른 한 가지는 문제를 잘 해결할 수 있는지의 여부는 정신력이 약하다거나 불안해지기 쉬운 성향,

근거 없는 자신감을 갖는 나르시시즘이 아니라 주변 사람에게 거절당하는 것에 대한 공포심이라는 것이다. 정신력이 약해도 거절당해도 아무렇지 않은 사람은 문제를 해결할 능력이 높다.

나도 정신력은 약하지만 거절당해도 그것 때문에 수입이나 인생이 변하는 것은 아니라고 생각하기 때문에 신경 쓰지 않는다. 참고로 나르시스트는 정신력이 강한 것처럼 보이지만 실은 매우 비판에 약하다. 자신에게 자신이 없기 때문에 스스로 대단하다고 호소하는 것이다.

그렇다면 거절 민감성이 높으면 업무상 문제가 생겨도 올바르게 대처할 수 없는 이유는 무엇일까?

인간은 누구나 남에게 부정당하거나 거절당하는 것을 싫어한다. 그렇기 때문에 자기 방어가 작용해 자신을 좋은 사람으로 유지하려 한다. 자신이 비판받고 있지 않은지, 자신만 생각하고 자신밖에 보지 않게 된다. 그 결과 남의 시점이나 객관적인 시점이 사라진다.

문제는 자신 안에서 일어나는 일이 아니라 자신과 다른 사람 사이에서 일어나는 일이라는 것이다. 그래서 상대를 보지 않는 한 문제를 해결할 수 없다. 그런데 자기를 보호하려는 의식이 너무 강한 사람은 자기만 보고 상대나 주변을 보지 않아 올바른 판단을 내릴 수 없게 되는 것이다.

확실히 자신을 지키려고만 하는 사람은 주변 상황을 판단하는 것을 어려워하고 그것이 업무상 발생한 문제를 해결할 때 올바른 판단을 내릴 수 없는 원인이 된다.

어떻게 보면 이는 의사소통이 제대로 되지 않는 사람들에게도 해당될 수 있다. 미움 받는 것이 무섭기 때문에 상대방에게 미움 받을 만한 일은 하지는 않는지, 말 실수를 하고 있지는 않은지, 옷차림이 괜찮은지… 생각하는 등 결국 자신밖에 보지 않기 때문에 대화가 잘 진행되지 않는다.

☑ 거절 민감성 정도를 알아보는 테스트

그렇다면 거절 민감성은 어떤 식으로 알아보면 좋을까? 이고르 박사의 연구에서도 사용되었던 것으로 거절 민감성 정도를 알아볼 수 있는 세 가지 질문을 소개한다.

◆ 질문 ❶

형편이 어려워 부모나 가족에게 돈을 빌리고 싶다. 이때 어느 정도 불안과 걱정을 느끼는가? 가족이 도와줄 것 같은가?

◆ 질문 ❷

친한 친구를 매우 화나게 했다. 이후 화해하려고 다시 다가가고 있다. 이때 화해에 대해 어느 정도 불안과 걱정을 느끼는가? 그리고 화해하자고 했을 때 가장 친한 친구가 대화할 것 같은가?

◆ 질문 ❸

직장에서 겪고 있는 문제에 대해 상사에게 도움을 청하고 싶다. 이때 어느 정도 불안과 걱정을 느끼는가? 그리고 그 상사가 도와줄 것 같은가?

위에 소개한 세 가지 질문과 같은 상황에 처했을 때 불안이나 걱정을 크게 느끼고 가족이나 친한 친구, 상사가 도와주지 않을 것이라고 강하게 느끼는 사람일수록 거절 민감성이 강하다고 할 수 있다. 요컨대 거절 감수성이 강해서 다른 사람에게 도움을 청할 때 불안이나 걱정을 극단적으로 느끼는 사람은 요청이 거절될 가능성을 아주 높게 보는 것이다. 모두 자신의 거절 민감성을 확인하고 거절에 강해지도록 하자.

▌ 악의 없는 '그 행동'이 왕따가 되는 이유

좀처럼 끼여주지 않는다거나 무리 속에 들어갈 수 없다거나 혹은 모두와 함께 있어도 어쩐지 미움을 받거나 다들 피한다는 느낌을 받은 사람이 많을 것이다. 나도 옛날에 그랬는데 이런 사람은 도대체 무엇이 잘못된 걸까?

사실 남들이 좋아하겠지 하는 어떤 행동 때문에 인간관계의 기회를 놓치고 있다. 기분 나쁘게 들리겠지만 자기 책임이다.

나는 매사에 분명하게 말하기 때문에 블로그에 악플이 달리거나 적을 만들기도 한다. 또한 인터넷에는 나보다 더 거침없이 발언하는 사람들이 있고 그런 사람들은 적도 많다. 하지만 주변에 반드시 자기편이 있다. 적밖에 없는 사람은 거의 없다. 즉, 나를 포함해서 발언 때문에 적을 만들고는 있지만 그와 비슷한 수로 자기편도 만들고 있는 것이다.

여기서 차이는 무엇인가 살펴보면 자신의 감정을 말하고 있는지 여부다. 사람은 자기 감정을 잘 드러내지 않는 사람을 무섭게 느낀다. 무슨 생각을 하고 있는지 모르기 때문에 믿을 수 없는 것이다.

당연히 끼워주려 하지 않는다. 누구라도 적 혹은 적일지 모르는 사람과 함께 있고 싶어하진 않는다.

미국 오리건 대학교(University of Oregon)의 연구에 따르면 인간은 자신의 감정을 드러내지 않으면 '사회적인 관계를 맺을 수 없다.'고 한다. 특히, 소통에서 문제가 생기기 쉽다고 한다.

왜냐하면 자신의 진짜 감정이 드러나지 않았는지, 상대방에게 의심받고 있는 것은 아닌지 등 불안해하면서 대화하기 때문에 공감 능력이나 판단 능력이 떨어져 교류가 어려워진다고 한다.

자신의 감정을 억제하거나 속이는 사람은 인간관계가 잘 풀리지 않고 오해받기 쉽다. 자기편으로 만들 가치가 없다는 판단을 받는 매우 안타까운 상황이 되는 것이다. 사실 감정을 드러내지 않는 사람은 사회생활하기가 매우 어렵다는 것은 이미 여러 가지 연구로 밝혀졌다.

오리건 대학교의 연구에서는 참가자에게 눈물이 나는 장면이 있는 영화와 웃음이 터지는 장면이 있는 영화를 보여주고 감정을 드러내는 그룹과 드러내지 않는 그룹으로 나누어 참가자의 표정을 동영상으로 촬영했다. 그것을 제3자에게 보여주고 참가자의 성격을 채점하는 실험을 진행했다.

그 결과 감정을 드러내는 사람들을 좋아했고 좋은 사람이라고 생각했다고 한다. 반대로 감정을 드러내지 않는 사람은 내성적인 이미지가 앞서 남에게 별로 관심이 없다거나 자신을 드러내지 않기 때문에 신용할 수 없다는 인상을 받기 쉽다는 것을 알게 되었다. 차갑고 멋있다 이런 것이 아니라 그냥 호감이 안 가는 것이다.

이보다 더 흥미로운 것은 감정을 억제하는 사람이 믿음을 얻지 못하는 이유는 감정을 속이고 거짓말하고 있는 것처럼 보이기 때문이 아니다. 감정을 억누를수록 이 사람과는 친해질 수 없을 것 같다 혹은 좋은 관계, 깊은 관계가 되지 못할 것 같다는 생각이 들어서다.

감정을 겉으로 드러내고 있는 사람과는 그 감정이 맞으면 친구가 될 수 있다. 물론 미움을 받은 경우도 있다. 대부분은 미움을 받을까 봐 자신의 감정을 잘 드러내지 않는다.

하지만 감정을 드러내지 않으려고 하면 적이든 내 편이든 상관없이 친해질 수 없는 사람이라고 인식되어 미움을 받지는 않지만 그 누구도 좋아하지 않는 사막 같은 삶을 살게 된다.

또한 자신의 감정을 억제하거나 자신의 성격을 속이는 사람은 친화력과 협조력이 낮다는 이미지를 준다.

협조력은 낮지만 다른 사람과 말을 잘 하는 사람을 보고 자신도 저들처럼 서슴없이 말할 수 있으면 좋겠다 혹은 저 사람을 따라가면 뭔가 있을 것 같은 가능성을 느낄 때가 있다. 이것이 이른바 카리스마다. 그러나 자신의 감정을 억제하거나 성격을 속이면 카리스마는 나오지 않는다.

당연하지만 누구도 일부러 상대방을 적대시하거나 미움 받은 행동을 하고 싶어하지 않는다. 그런데 감정을 드러내지 않는 것은 무의식 중에 상대방을 적대시하는 것과 같다.

그러므로 자신의 감정을 자꾸만 표현하자. 중요한 것은 감정을 드러내서 적이 늘어나느냐가 아니라 내 편이 늘어나느냐다.

참고로 사실은 화가 났는데 "그렇군요. 그런 생각도 있군요."라며 감정을 억제하며 무리해서 웃는 사람이 있다. 사실은 이것도 미움 받은 행동에 속한다.

상대방과 싸우기 싫어서 무리해서 웃는 것보다 "조금 짜증나네요." 혹은 "그런 말을 들으면 화가 납니다."라고 자신의 부정적인 감정을 전달하는 편이 상대방과 사이가 좋아질 확률이 높다.

또한 원래 자신의 성격과는 다른 성격을 계속 연기하면 그 스트레스로 자율신경의 균형이 무너져 건강을 망가뜨릴 가능성이 높아진다는 연구도 있다. 감정을 너무 억제할 것이 아니라 제대로 전달하자.

표면적인 인간관계밖에 만들 수 없는 사람이 하기 쉬운 것

언뜻 보면 의사소통에 자신이 없는 사람이 실은 의사소통 능력이 좋다. 능력이 있기 때문에 상대방을 신경 써서 분위기를 파악하려고 하기 때문에 의사소통 능력이 낮아 보이는 것이다.

좀 더 정확하게 표현하면 자신의 속마음을 숨기고 표면상 상대방에게 맞춰 대화하려 하기 때문에 의사소통 능력이 낮아 보이는 것임을 알 수 있다.

사람은 상대방이 잘못했거나 자기 의견과 다른 말을 했을 때 그것을 전달하면 기분 나빠 할까 봐 굳이 비판하지 않으려고 한다. 혹은 좋은 아이디어가 떠올라도 자신이 말하면 주변에서 자신들의 의견을 말하지 않을지 모르니 가만히 있자고 생각한다.

그렇다면 자기 생각을 말하지 않으면서 소통하는 사람과 제대로 말하면서 소통하는 사람 중 어느 쪽이 인간관계가 좋을까? 시카고 대학교(University of Chicago)의 연구에 따르면 자신의 마음을 숨기고 거짓말을 하거나 자신의 기분이나 하고 싶은 말을 하지 않고 소통하면 인간관계가 반대로 나빠지는 경우가 있다. 즉, 솔직히 말하는 편이 인간관계가 좋아진다.

자신을 속이고 참으며 하고 싶은 말을 하지 않고 소통하면 인간관계를 더 잘 맺을 수 있다고 생각하기 쉽다. 그런데 실제 상대방과의 관계나 장기적인 관계를 살펴보면 하고 싶은 말을 하지 않는 사람은 인간관계가 붕괴될 가능성이 높다.

시카고 대학교의 연구는 세 개의 실험으로 구성된 논문을 바탕으로 한다. 내용은 상대방과 이야기할 때 꽤 주저하는데, 비밀이나 고민을 말하면 관계가 거북해질까 봐 진심을 말하지 않는 경우가 많은 것은 아닌지 과학적으로 조사했다.

첫 번째 실험에서는 150명의 남녀를 모아 다음 세 그룹으로 나누었다.

- 3일간 최대한 솔직하게 소통하는 그룹
- 3일간 최대한 상대방에 대해 친절하게 신경 써서 소통하는 그룹
- 3일간 자신의 대화나 행동이 상대방에게 적절했는지 가능한 의식적으로 소통하는 그룹으로, 다시 말하면 자신이 하는 말이 상대방에게 적절했는지, 상대방이 반겼는지를 생각하면서 소통하는 그룹

솔직하게 소통하는 경우와 의식적으로 친절하게 소통하는 경우, 자신의 언행이 옳은지 확인하면서 소통하는 경우로 나눠서 인간관계가 어떻게 좋고 나빠지는지를 조사했다.

각각 3일간, 소통한 후 대화를 얼마나 즐길 수 있었는지, 상대방과의 관계에서 유대감이 얼마나 바뀌었는지, 장기적으로 봤을 때 상대방과의 관계가 어떻게 바뀌었는지 등을 전원 확인했다.

솔직하게 대화하면 관계가 나빠질 것이고 자신의 비밀을

갑자기 밝히거나 자신의 생각을 상대방에게 말하면 관계가 나빠질 것이라고 모두 생각했다.

그런데 솔직히 대화를 나눠도 전혀 문제가 없었고 소통에 미치는 악영향 또한 전혀 없었다.

우리는 솔직하게 말하면 미움을 받을까 봐 정직하게 대화하지 않는다. 그런데 솔직하게 대화해도 상대방과의 관계는 전혀 변하지 않는다는 것을 알 수 있었다.

다른 실험에서는 참가자를 다음 같이 두 개의 그룹으로 나눴다.

■ 연구자가 작성한 주제 목록을 바탕으로 그에 따라 대화를 나눈 그룹

■ 특별히 주제를 지정하지 않고 자신의 생각을 가능한 솔직하고 자유롭게 대화하도록 한 그룹

대화 후 전원을 통해 대화의 만족도 등을 확인했는데 결과를 보면 첫 실험과 같이 솔직하게 자신의 생각을 이야기하는 것은 좋지 않다고 여겨져 왔지만 실제로는 악영향은커녕 서로의 관계가 돈독해지는 데 도움이 되었다는 것이다.

우리는 솔직하게 말하는 것에 너무 부정적인 생각을 갖고 있어 솔직하게 말하려 하지 않는다. 그렇지만 솔직하게 말해도 문제가 없고 오히려 솔직한 편이 인간관계가 좋아진다.

또 다른 실험에서도 상대방과 교류할 때 자신의 진심이나 성격을 숨기면 대화 능력이나 발언력, 표현력, 판단 능력이 떨어져 결국 교류에 실패하기 쉬운 것으로 나타났다.

솔직하게 말할 수 있느냐의 여부가 의사소통 능력에서 가장 중요한 요소가 아닐까? 그러나 상대방을 비난한다든가 상대방의 싫은 점을 말하는 것이 아니라 자신이 느끼고 있는 감정을 제대로 표현하자는 것이다.

상대방의 말이 틀렸다고 느꼈을 때 무턱대고 "틀렸어!"라고 말하면 싸움이 된다. 그러지 말고 상대방의 의견을 다 들은 후에 자기의 의견을 정중하게 표현해야 한다. 상대방과 내 의견이 달라도 내 의견을 제대로 표현하는 노력이 중요하다는 것이 이 연구에서 증명되었다.

의사소통 능력이란 상대방에 맞춰 분위기를 파악하는 것이라 생각하는 사람이 많은데 그러면 평생 소통을 잘 할 수 없고 인간관계도 좋아지지 않는다.

왜냐하면 자기 감정을 잘 표현하지 않으면 상대방에게 자신의 마음이 전달되지 않기 때문이다. 상대방은 초능력자도 아니고 마음을 읽을 수 있는 것도 아니다. 따라서 나와 의견이 달라도 자신의 마음을 정중하게 표현하려고 노력해야 한다. 그러면 의사소통 능력이 향상되고 인간관계도 좋아진다.

▌'나를 싫어하는 것 같아'라는 ▌착각이 낳는 폐해

처음 만나는 사람이 왠지 나를 싫어하는 것 같다, 혹은 좋게 생각하지 않는 듯한 생각이 들 때가 없었는가?

그렇지만 확실히 '싫다'는 말을 들은 것은 아니고 싫어할지 모른다, 또는 어쩐지 마음에 들지 않는 것 같은 기분이 들 경우가 있는데 그 대부분은 착각에 지나지 않는다.

인간은 여러 가지를 착각하거나 편견을 가지고 대한다. 예를 들어 "인간성 면에서 국민 중 어느 정도라고 생각합니까?"라는 질문을 던지면 대부분이 '나는 평균 이상일 것'이라고 생각한다. 여러 편견으로 자신은 항상 나은 쪽에 속한다고 생각하는 것이다.

그런데 이러한 긍정적인 편견이 사라지는 카테고리가 있다. 그게 인간관계다. 우리는 인간 관계에서 필요 이상으로 부정적이 되는 편견에 사로잡혀 있다. 즉, 우리는 상대방이 나를 싫어할 것이라 생각하기 쉽다는 것이다.

이러한 착각을 해소하지 않으면 나를 싫어한다고 착각해 상대방을 무의식적으로 피하기도 한다. 그러면 상대방은 당연히 이상한 느낌이 들어 '이 사람은 나를 싫어하는 것일까?', '뭔가 나쁜 일을 했나?', '나와 있어서 즐겁지 않은 것인가?'라고 생각하게 되는데 그 결과 정말로 인간관계가 망가져 간다.

'나를 싫어할지 모른다'고 생각한다면 아직 늦지 않았다. 왜냐하면 자신 스스로가 만들어 낸 착각일 가능성이 높기 때문이다. 그러한 착각을 이해하고 능숙하게 대처하게 되면 더욱 스트레스가 적은 관계를 만들어 갈 수 있다는 연구가 있다.

하버드 대학교(Harvard University)나 예일 대학교(Yale University) 등 여러 대학이 공동으로 진행한 연구에서 인간은 남에게 사랑받지 못하고 미움 받을 가능성이 높다고 생각하는 편견을 갖고 있다고 한다.

이 연구에서 인간은 자기와 대화한 상대가 자기를 좋아하는지 올바르게 판단하는 것이 어렵다는 것이 확인되었다.

여러 사람과 이야기하고 인간관계의 다양한 면을 경험하다 보면 대화하는 상대방이 어떤 유형인지 어느 정도 파악할 수 있다고 많은 사람들이 생각한다. 그런데 다양하게 경험한 사람도 상대방이 나에게 얼마만큼 호감을 갖고 있는지를 헤아리는 것에는 서툴다. 상대방이 자신을 좋아하는지 아닌지 알 수 없다.

더 이야기하면 호감을 보이고 있는데 호감이 아니라고 생각하는 것이다. 나를 싫어한다고 생각해서 상대방과 거리를 두고 한 걸음 물러서는 바람에 소통이 원활하지 않거나 상대방에게서 나를 싫어하느냐는 이야기를 듣게 되기도 한다. 이건 꽤 심각한 이야기다.

앞서 말한 연구에서는 5개의 실험을 실행했는데 그 일부를 소개한다.

참가자가 처음 만나는 사람과 짝을 지어 5분간 자유롭게 이야기를 하도록 한다. 5분 후에 그 대화를 통해 상대방에게 얼마나 호감을 가졌는지 물어보고 동시에 상대방이 자신에게 얼마나 호감을 가졌을 것 같은지를 물었다.

그 결과 대부분이 상대방이 자신에게 그리 호감을 갖고 있지는 않다고 생각하고 있었다.

대화가 즐겁게 진행된 경우에도 보통이라고 생각하거나, 초면이라 조금 어색했을 경우에는 아마 싫어할 거라고 생각했다. 많은 사람들이 나에게 호감을 느끼지 못했을 것이라고 대답한 것이다.

그런데 상대방이 실제로는 어떻게 생각하고 있는지 알아봤더니 단 5분간 대화를 나눴을 뿐인데 대부분이 상대방에게 호감을 느끼고 있었다.

"좋은 사람 같아요."

"마음이 맞을 것 같아요."

"나는 꽤 좋았어요.".

"친구가 될 수 있을 거 같아요."

이와 같이 호의적인 평가를 내렸던 것이다. 즉, 상대가 자신을 별로 좋아하지 않는다고 생각하지만 실제로 상대는 호감을 갖고 있는 경우가 많다는 것이다.

내가 가진 편견 때문에 상대가 갖고 있는 호감을 의식하지 못하고 인간관계가 잘 안 풀리고 있는 게 아닌가 하는 생각을 하고 있지는 않은지 생각하게 만드는 연구였다.

▌ 인간은 상대방의 호감을 느끼는 데 서툰 동물

　상대방이 느끼는 호감과 자신이 생각하는 상대방의 호감 정도에는 차이가 있는데, 심리학에서는 이를 '호감 격차(Liking Gap)'라고 한다.

　대부분은 자신의 의사소통 능력을 과소 평가한다. 그래서 대화 후에 그때 이런 말을 할 걸 그랬다, 혹은 그런 말을 해서 대화가 원활하지 않았다 등 소통 방식을 많이 반성한다.

　사실 상대방은 거의 신경 쓰지 않는다. 상대방이 했던 말을 잘 기억도 못 하면서 자신의 실수를 자꾸 떠올리는 것이다.

　그리고 호감 격차는 대화한 시간에 관계없이 발생한다. 1시간이나 2시간에 걸쳐 천천히 이야기하면 상대가 자신에게 호감을 갖고 있는지 알 수 있을 것이라고 생각하는 사람도 있을 것이다. 하지만 따로 실시한 실험에서 장시간이든 단시간이든 결국 호감 격차는 사라지지 않는다는 것이 확인되었다. 오랜 시간 대화한다고 해서 상대방이 호감을 가졌는지 제대로 파악할 수 있는 것은 아니라는 것이다.

　호감 격차는 꽤 뿌리 깊은 편견 때문에 일어나는 것으로 소통에 서툴러 상대방에게 미움 받기 쉽다고 생각하는 사람은 꼭 기억해 주었으면 한다.

장시간 상대와 이야기해도 호감 격차가 생기는 이유는 한 번 상대방이 나를 싫어한다거나 상대방에게 미움을 받고 있을지도 모른다고 생각하면 그 느낌이 수개월에 걸쳐서 지속되기 때문이다.

처음 만났을 때 자신에게 호감을 가지고 친해지고 싶다고 생각했을지 모르는데 싫어하는 것같다며 상대방과 거리를 두려고 한다. 상대방은 좋아서 자신에게 다가오고 있는데 싫어하는 것 같으니 오지 말라고 밀어내는 것이다.

이처럼 모처럼 좋게 형성될 수 있었던 인간관계가 붕괴되어 간다.

자신의 주변은 적뿐이라고 생각하는 사람이나 자신은 누구에게도 호감을 살 수 없다고 생각하는 사람이 있는데 이 또한 대개 호감 격차에 의한 것이다. 실제로는 사람들에게서 호감을 받는 성격이라 그룹 안에 들어가 사이좋게 지내거나 즐거운 친구 관계를 만들 수 있다. 이러한 기회를 놓치지 않기 위해서라도 호감 격차에 유의하자.

특히 연애를 못한다는 사람은, 예를 들어 자신은 저렇게 멋진 사람과는 어울리지 않는다고 생각하거나 잘생긴 사람을 만나면 바람 필 것 같다고 생각하거나 아름다운 여성을 만나면 돈이 없어 거들떠보지도 않을 거라고 생각하기도 한다. 이때도 호감 격차일 가능성이 높다.

인간관계에 대한 부정적인 생각이 수개월간 지속된다는 것은 꽤 무서운 이야기다. 인간의 첫인상은 좀처럼 변하지 않는다고 하니 이를 자신에게 대입해보면 이해할 수 있는 편견이다.

그러니 확실히 싫어할 때까지 계속해서 도전하자. 그러면 더 좋은 인간관계를 쌓을 수 있고 또한 '어쩐지 나를 싫어하는 것 같다.'는 편견을 극복하는 가장 좋은 방법일 수 있다.

참고로, 인간이 왜 소통 시 이렇게 부정적인 생각을 가지는 것일까? 생각해 보자. 이는 아마도 자신을 지키기 위해서가 아닐까 한다. 원래 인간은 처음 만난 사람에 대해 조심하는 편이 살아남을 확률이 높았다. 그렇기 때문에 의사소통 시 경각심을 가져야 한다는 생각이 유전자에 새겨져 있는 것이 아닐까 한다.

상처 받지 않기 위해 남과 거리를 둬야 할 때도 있지만 인간관계를 충실히 이어가는 것은 인생에서 가장 중요한 것 중 하나다. 인간의 행복은 지위나 돈보다도 인간관계로 좌우된다.

그러므로 이 편견은 행복을 위해 극복해야 한다. 자신을 싫어할지 모른다는 생각이 들 때 그것은 호감 격차 때문이라고 생각하고 좋은 사이가 되기 위해 조금만 노력해보자. 정말로 상대방이 싫다고 하면 그때 관두면 된다.

▌ 웃는 얼굴인데도 인간관계가 잘 안 풀리는 이유

웃는 얼굴이면 다른 이에게 사랑을 받는다거나 항상 웃는 얼굴이 중요하다는 이야기를 듣는다. 또한 자기계발 세미나 등에서 '웃고 있으면 복이 온다.', '슬플 때도 억지로 웃으면 행복해질 수 있다.'고 말하는 사람이 있는데 이는 절반은 맞고 절반은 틀린 말이다.

아무것도 모른 채 '웃는 얼굴을 하면 행복해질 수 있다'고 생각한다면 웃어도 좋다. 하지만 '웃는 얼굴을 하면 인간의 뇌가 착각해서 정말로 행복해질 수 있다'는 것을 알고 있다면 그 효과가 사라지기 때문이다. 그러니까 웃는 얼굴로 행복해질 수 있다는 말은 꽤 모순되는 기술이라 할 수 있다.

안타깝게도 모두 더 이상 이 기술을 사용할 수 없다. 왜냐하면 착각이라는 것을 이미 알았기 때문이다.

힘들 때나 괴로울 때 예능 방송을 보거나 친한 친구와 함께 어울리면서 자연스럽게 웃는다면 좋은 점이 있지만 행복해지고 싶다고 억지로 웃는 것은 별 의미가 없다.

웃는 얼굴에는 그 사람의 성격이나 감정, 진심 등이 나타나게 된다. 그렇다는 것은 반대로 생각해서 어떤 웃는 얼굴이 어떤 의미인가를 이해할 수 있으면 이상한 사람에게 속지 않을 수 있게 된다.

한편으로 웃는 얼굴로 상대방을 오해하게 만들기 쉽다면 그 버릇을 고치지 않으면 싫은 느낌을 주게 된다. 나쁜 것은 생각하지 않았는데 뭔가 나쁜 생각을 하는 것처럼 보이는 경우가 있다.

미국 위스콘신 대학교(University of Wisconsin)의 연구에서 상대방의 웃는 얼굴에서 감정을 추정할 수 있는지 조사한 것이 있다.

웃는 얼굴을 구분하는 방법으로 진심으로 웃는 얼굴인지, 억지로 웃는 얼굴인지를 조사하는 연구는 꾸준히 있어 왔다. 이 연구에서는 진심으로 웃는 얼굴이든 억지로 웃는 얼굴이든 그 뒤에 있는 감정이 있고 그 감정에 따라 웃는 얼굴이 바뀌는 것은 아닐까 하는 것을 조사한 것이다.

즉, 진짜 웃는 얼굴인지 가짜 웃는 얼굴인지 말고도 다른 생각으로 웃는 일이 있지 않을까 생각한 것이다.

예를 들면, 억지로 웃는 얼굴, 상대방을 상처주지 않기 위한 배려심에 웃는 얼굴, 악랄한 생각을 하고 있을 때 웃는 얼굴, 나쁜 사람이 속이는 데 성공했을 때 짓는 '음흉한' 웃는 얼굴 등, 웃는 얼굴에도 여러 가지가 있다. 부정적인 감정으로부터 긍정적인 감정까지, 웃는 얼굴에는 여러 가지 의미가 있기 때문에 각각을 분석하여 인간의 마음을 이해하기 위해 조사한 것이다.

연구팀은 먼저 인간의 표정 근육을 바탕으로 얼굴의 근육과 그 움직임을 다양하게 조합하여 수천 가지의 웃는 얼굴을 만들었다. 그렇게 만든 웃는 얼굴을 참가자에게 보여주고 그 얼굴에서 느낀 감정이나 인상 등을 알려 달라고 했다.

또한 이 연구에서는 인간이 원래 어떤 경우에 웃는 얼굴을 만드는지도 조사하였는데 총 3 종류의 웃는 얼굴이 있는 것을 알 수 있었다.

❶ 저절로 미소가 피어나는 웃는 얼굴

저절로 미소가 피어나는 웃는 얼굴이란 기분이 긍정적으로 변했거나 기분이 좋아졌을 때 짓는 얼굴이다. 예를 들면, 고양이가 재롱부리는 모습을 보고 귀엽다고 생각했을 때 저절로 나오는 그런 웃음이다.

긍정적인 감정이 되었을 때 무의식적으로 나오며 자연스럽게 그 긍정적인 감정이 주변에 전해지는 얼굴이다. 기분이 좋아졌을 때 혹은 기분이 좋아진 것을 상대방에게 전달할 때 사용한다는 의미로, 나에 대한 보답이자 상대방에 대한 '고마움'을 표시하는 보답이 된다.

저절로 미소가 피어나는 웃는 얼굴을 자주 만드는 사람은 당연하지만 남들에게 긍정적인 이미지를 주는 경우가 많다. 누군가와 함께 있으면서 이러한 웃는 얼굴이 많아진다는 것은 '당신과 함께 있는 것이 너무 즐겁다.'는 마음을 전달하는 것이다. 또한 선물을 받았을 때 저절로 미소가 만면에 퍼지면 '선물을 받아서 기쁘다.'는 감정이 그대로 드러나는 것이다.

거래 시 또는 일상생활에서 대화할 때, 이성에게 구애할 때 저절로 미소가 피어나는 웃는 얼굴을 많이 하게 되면 자신이 상대방과 점점 거리를 좁혀가는 것을 알 수 있다.

❷ 친화적 웃는 얼굴

친화적인 웃는 얼굴은 사회적 관계를 늘리기 위해 만드는 웃음으로 다음과 같은 마음을 전달하기 위한 웃는 얼굴이다.

'당신을 인정해요.'

'당신을 내 편이라고 생각해요.'

'당신과 좋은 사이가 되어 소통하고 싶어요.'

한마디로 정말 너무 좋아하는 것은 아니지만 '나는 아군이에요, 적이 아니에요.'라고 전달하고 싶을 때 짓는 얼굴이다. 따라서 소위 말하는 억지로 웃는 얼굴도 여기에 속한다.

저절로 미소가 피어나는 웃는 얼굴은 자신의 기분이 긍정적으로 되었을 때 진심에서 우러나오는 표정인데 반해 친화적 웃는 얼굴은 '나는 적이 아니라 당신 편이다', '당신과 동료가 될 수 있다'고 전달하여 인간관계를 촉진하기 위한 얼굴이다.

❸ 지배적 미소를 띤 얼굴

지배적 미소는 사회적으로 경제적으로 자신은 지위가 높고 권위가 있다는 것을 보여주기 위해 사용된다. 예를 들어, 그 자리를 통제하고 싶은 사람이나 자신이 상대보다 위라고 생각할 때 나오기 쉬운 얼굴이다.

자신의 자존심을 드러내 권력을 잡으려는 의미도 있을 거라 생각되며 자신의 자존심을 높이기 위해서도 사용된다. 게다가 상대를 경멸하고 있을 때도 이런 얼굴이 나오기 쉽다.

사람은 이렇게 세 가지 유형의 웃는 얼굴을 구분해서 사용하고 있다. 각각의 특징을 알면 이상한 사람에게 속는 일이 사라진다.

예를 들어, 같이 사업을 하자고 다가와도, 세 번째 지배적 웃는 얼굴을 보인다면 믿지 않는 것이 좋다. 앞으로 함께 사업하고 싶은 상대를 경멸하지는 않는다. 하지만 지배적 웃는 얼굴이 나오는 사람은 자신을 아래로 보고 있는 것이다.

그런 사람과 손을 잡으면 결국은 버리는 말처럼 쓰고 버려질 뿐이다. 그래서 '웃는 얼굴의 의미'를 아는 것은 굉장히 중요하다.

단, 지배적 웃는 얼굴이 습관적으로 나오는 사람도 있다. 항상 상대방을 경멸하고 있는 것처럼 여겨지거나 스스로는 평범하게 웃고 있을 뿐인데 갑자기 상대방에게서 "바보 취급하는 거냐?"라는 말을 듣는 사람이 있다. 이런 사람은 그 얼굴이 이미 굳어져 버린 것이다.

갑자기 자신도 모르는 사이에 다른 사람이 거리를 두거나 미움을 받은 경우가 많은 사람은 무의식적으로 지배적 웃는 얼굴이 되는 경우가 있으니 주의하자.

그럼, 세 가지 웃는 얼굴을 간파하는 방법을 알아보자.

❶ 저절로 미소가 피어나는 웃는 얼굴 간파법

저절로 미소가 피어나는 웃는 얼굴의 특징은 치아가 살짝
보일 정도로 입이 열리고 광대뼈의 위치가 올라간 것처럼 보
이는 것이다. 눈 밑 근육과 입꼬리가 움직여서 광대뼈 주변이
올라간 것처럼 보인다. 이렇게 웃는 얼굴이면 내면에서 긍정적
인 감정이 솟아오르고 있다는 증거다.

상대방과 이야기 중이거나 선물을 주었을 때 이런 얼굴이
나오면 진심으로 기분이 좋아졌다는 것을 알 수 있다. 상대방
이 이런 얼굴을 많이 보이면 의사소통이 잘 되었다는 뜻이다.

사람들은 소통할 때 '내가 말을 잘 하고 있을까?', '내 모습

은 괜찮을까?' 등을 신경 쓰기 쉬운데 그런 것에 신경 쓸 틈이 있다면 상대방이 저절로 미소가 피어나는 웃는 얼굴인지 신경 쓰는 것이 좋다.

상대방이 보답적 웃는 얼굴을 많이 보이면 거리가 좁혀져 즐겁게 대화하고 있다고 생각하자.

❷ 친화적 웃는 얼굴 간파법

친화적 웃는 얼굴도 나쁜 것은 아니다. 처음 만나 대화할 때는 좀처럼 저절로 미소가 피어나는 웃는 얼굴을 보기 어려운 경우가 많다. 친화적 웃는 얼굴은 처음에 확인할 수 있는 얼굴이며 초기 단계에는 이런 얼굴로도 문제없다.

친화적 웃는 얼굴은 치아는 보이지 않지만 입꼬리가 퍼지듯 보이는 것이다. 입꼬리가 옆으로 퍼지는 느낌이라고 보면 된다. 예를 들어, 말이 통하지 않는 해외에 갔을 때 한국어로 "고맙습니다!"라고 말해도 자신의 마음이 상대방에게 전해질 때가 있다. 그럴 때 상대방이 보이는 얼굴이다. 즉, '나는 적이 아니야'라고 상대방에게 알리고 위해를 가할 생각이 없다는 것을 알 수 있는 얼굴이다. 알게 된 지 얼마 되지 않은 사람과 대화할 때는 친화적 웃는 얼굴을 보이는지 확인하자. 이런 얼굴을 몇 번 보이면 좀 더 솔직하게 이야기하거나 크게 반응하여 좋은 사이라는 느낌을 주자. 상대방과의 거리를 줄혀 보답적 웃는 얼굴이 나오도록 하면 좋은 대화가 이어질 것이다.

웃는 얼굴을 볼 때는 입에 주목하는 것이 가장 좋다. 입이 옆으로 넓어졌다면 앞으로 친구가 될 수 있거나 소통이 잘 이루어지고 있는 가능성이 있다. 또한 치아가 살짝 보이거나 광대뼈가 올라가면 상대방과 더 친밀해질 수 있는 가능성이 크다는 것을 알 수 있다.

❸ 지배적 미소를 띤 웃는 얼굴 간파법

이 얼굴도 제일 알기 쉬운 방법은 역시 입을 보는 것이다. 오른쪽인지 왼쪽인지 사람에 따라 다르지만 한쪽의 입꼬리가 올라가고 그에 따라 눈썹도 올라간다.

입꼬리가 올라간다는 것을 파악하기 어렵다면 입의 움직임에 주목하자. 저절로 미소가 피어나는 웃는 얼굴 또는 친화적 웃는 얼굴은 좌우 대칭으로 움직이지만 지배적 웃는 얼굴은 좌우 대칭이 아니라 한쪽만 움직인다. 따라서 일그러진 것처럼 보인다.

웃을 때 입가가 삐뚤어져 있는 것처럼 보이는 사람을 조심하

자. 이런 사람은 남을 경멸하고 있을 가능성이 높다. 또한 만약 자신이 그런 얼굴을 하고 있는 경우 상대방은 진심을 숨기고 웃는다거나 자기를 우습게 보고 있는 것처럼 생각할 수도 있다.

치아가 언뜻 보이는 얼굴은 금방 알 수 있지만 '나는 적이 아니에요'를 표시하는 얼굴과 '경멸해요'를 나타내는 얼굴을 분별하는 것은 조금 어려울지 모른다. 그러니 주의해서 살펴보자.

또한 밥을 먹을 때 오른쪽으로만 또는 왼쪽으로만 씹는 사람은 입꼬리가 옆으로 퍼지는 친화적 웃는 얼굴을 보이고 싶을 때에도 한쪽만 입꼬리가 올라가 버릴 수 있다. 그러면 언뜻 보기에 왠지 인상이 좋지 않은 사람으로 여겨질 가능성이 있으니 고치는 편이 좋다.

자신의 웃는 얼굴도 확인하면서 주변 사람의 웃는 얼굴도 신경 써서 살펴보자.

미움 받기 싫다는 마음이 보답받지 못하는 이유

미움 받지 않기 위해 열심히 노력하거나 눈에 띄지 않게 행동하는 등 누군가에게 미움 받지 않기 위해 노력을 하는 사람들이 있다. 어른이 되면 무난한 언동을 하려는 사람도 많아진다.

독일에서 이루어진 연구에 따르면 사람이 다른 사람에게 호감을 살 때는 대체로 같은 부분에서 호감을 얻는다고 한다.

예를 들면, 매우 인품이 좋은 친절한 사람이 있다고 하면 그 사람은 '친절하고 좋은 사람'이라는 점에서 여러 사람에게 호감을 얻는 것이다. 즉, 그 사람의 좋은 부분은 거의 같은 것이다.

따라서 남에게 호감을 사고 싶다면 몇몇 친한 지인에게 자신에게서 좋아하는 점을 물어보는 것이 좋다. 거기서 친절해서라든지 노력하기 때문이라든지 공통점이 있다면 그 점을 드러내어 좀 더 발전시키다 보면 많은 사람들에게 호감을 얻게 된다.

그런데 미움을 받는 이유는 제각각 달라서 대처가 너무 어렵다. 예를 들어 어떤 사람은 덜렁거리는 부분이 싫다고 할 수 있고, 또 다른 사람은 시간을 지키지 않아서, 혹은 말투가 너무 강해서 싫다고 할 수 있다. 미움 받는 이유는 너무도 많아서 모든 것에 대처할 수 없다는 것이 과학적으로 증명되었다.

독일에서 이루어진 연구에서 200명 이상의 독일인을 대상으로 로마 교황, 여배우 안젤리나 졸리(Angelina Jolie), 디자이너 칼 라거펠트(Karl Lagerfeld), 가수 마돈나(Madonna) 등 각계 인사 15명의 성격을 물었다. '성실하다', '성급하다', '친절하다' 등 성격을 나타내는 30여 개의 형용사를 준비한 후 그중에서 그 사람에게 가장 적합하다고 생각하는 표현을 고르라고 했다.

그 결과 피험자가 호감을 갖고 있는 사람은 거의 비슷한 형용사로 표현되었다. 상관 계수로는 0.67정도였다. 많은 사람들이 비슷한 점을 평가하고 있었다.

그런데 그 유명인을 좋아하지도 싫어하지도 않는 사람들의 형용사 선택 상관 계수는 0.44였다. 그리고 싫어한다는 사람의 형용사 선택 상관 계수는 0.33이었다.

즉, 그 사람을 좋아하는 집단에서는 좋아하는 점이 일치하지만 싫어하는 사람들은 각기 다른 이유로 싫어한다는 것이다.

이 연구를 통해 할 수 있는 것은 미움 받지 않기 위해 노력하는 것은 매우 비효율적이라는 점이다. 노력 대비 성과가 거의 없다.

예를 들어, '말투가 너무 강하다'는 특정 부분이 싫다고 했다고 하자. 노력해서 그 부분을 고쳐도 다른 점이 싫다는 사람도 많을 것이다. 더 자세히 말하면 미움 받은 특성을 완전히 고쳐도 자신을 좋아해주거나 싫어하던 것을 보통 수준으로 되돌리는 사람은 극히 일부일 뿐이다.

하지만 자신을 좋아하는 사람이 몇 명 있다고 하면 그 사람들이 평가하는 점은 상관 계수가 0.67이므로 꽤 크게 상관이 있는 셈이다.

그러므로 자신이 어떤 점에서 호평을 받고 사랑을 받을까를 생각하고 그 점을 드러내서 프레젠테이션하거나 능력을 더 키워가는 편이 내 편을 만들기 쉽다.

남에게 나쁜 인상을 주기 쉬운 사람이 주의해야 할 점

2017년에 네덜란드 위트레흐트 대학교(Utrecht University)가 100건이 넘는 과거의 데이터를 검토하여 남에게 나쁜 인상을 주는 사람이 하기 쉬운 행동을 정리했다.

이전부터 남에게 나쁜 인상을 주는 이유는 자기 제어력이 낮기 때문이 아닐까 여겨져 왔다. 자신의 감정이나 말하는 것을 제어할 수 없는 것이 원인이 아닐까 했던 것이다.

하지만 사실 그것은 잘못된 견해라는 것이 위트레흐트 대학교의 연구를 통해 알려졌다. 연구로 밝혀진 사실은 남에게 나쁜 인상을 주는 사람은 자신을 좋게 보이려고 노력하는데 그것이 화근이 되어 오히려 불쾌함을 유발하거나 빈정거리듯 보이게 되는 것이다.

즉, 다른 사람을 괴롭히는 것이 아닌데 자신에게 자신이 없어 더 잘 보이려고 노력하는 것 때문에 남들이 싫어하는 태도를 보이고 미움을 받게 되는 것이다.

짚이는 점은 없는가? 예를 들어, 인기가 많았으면 하고 바라는 남성이 "나, 꽤 잘생긴 것 같아."라고 말할 때가 있다. 하지만 "나는 가볍다."고 말하는 것과 같아 인기가 있을 리 없다. 이는 인기가 많다는 것을 보여주고 싶어서 하는 말로 오히려 인기가 떨어진다.

위트레흐트 대학교에서는 남에게 나쁜 인상을 주는 사람, 특히 좋게 보이려고 하다 오히려 인상이 나빠진 사람들이 하기 쉬운 행동을 네 가지로 정리했다. 여기서는 일상생활에서 무심코 하기 쉬운 행동 두 가지를 소개한다.

❶ 칭찬 같지 않은 칭찬(Backhanded Compliment)
칭찬 같지 않은 칭찬은 한마디로 '위에서 내려다보듯 칭찬하는 것'이다.

예를 들면, 들어보면 자신이 유학한 것도 아닌데, 영어의 능력자인양 상대방의 영어를 잠깐 듣고는 이렇게 말한다.

"영어가 유창하시네요! 어디 유학 다녀오셨어요?"

이 말을 들은 상대방은 바보 취급을 받는 기분이 든다.

또 자주 듣는 말이 있다.

"아르바이트생이 눈치가 빠르네."

"신입사원이 의외로 일을 잘하네."

이렇게 쓸데없는 말로 상대방의 심기를 불편하게 하는 사람이 있다.

즉, 칭찬을 통해 상대방의 존재나 능력을 인정하려는 것이 아니라, 상대방이 '이 사람은 나를 제대로 보고 있구나.' 하는 생각을 하게 만들어 자신을 높이 평가해 주길 바라는 이른바 속셈이 있는 칭찬이다.

이는 특히 아랫사람에게 하기 쉽다. 사실 칭찬 같지 않은 칭찬이라는 것 자체가 좋지 않다. 이런 칭찬보다 놀라움과 감사를 전하는 것이 좋다.

"이외로 일을 잘하네."가 아니라 "도와줘서 정말 고마워."라고 감사를 전하면 된다.

'감사'는 모두가 생각하는 것 이상으로 사람의 마음을 움직인다. 하지만 잘 사용하지 않는다. 남에게 나쁜 인상을 주는 사람은 칭찬 같지 않은 칭찬을 하기 쉬우니 조심하자.

❷ 은근한 잘난 척(Humblebragging)

은근한 잘난 척은 겸손함을 가장하여 자랑하는 것이다. 예를 들어, 시험 전날 "게임하느라 전혀 공부를 못했어."라고 말하고는 높은 점수를 받는다든가, 피부가 상해서 고민하고 있는 사람 앞에서 "나도 피부가 많이 상해서~."라고 말하지만 사실 피부가 엄청 깨끗하다던가 하는 겸손을 가장한 자랑이다.

사실은 자랑하고 싶어서 안달이 났는데 직설적으로 자랑하면 남들이 싫어할까 봐 겸손한 척 자랑하는 사람들인데 이런 행동은 모두가 싫어한다. 차라리 솔직하게 자랑하는 게 좋다.

모든 사람이 적으로 보이는 사람에게 발견되는 공통된 생활 습관

사람을 싫어하는가? 나는 현재 좋아하는 편이라고 말할 수 있지만 그렇다고 사람을 많이 모으고 싶은 것은 아닌 정도다.

사실 뜻밖의 행동이 사람을 싫어하게 만든다는 연구가 있다. 캘리포니아 대학교(University of California)의 연구에 따르면 어떠한 생활 습관으로 인해 사람을 싫어하게 된다는 것이 밝혀졌다. 그것은 밤을 세우는 것, 잠이 부족할 때다.

실험실에 18명의 남녀를 모아 각각 수면 부족 상태의 날을 만들어 수면 부족인 참가자에게 서서히 사람이 다가오는 동영상을 보여주고 더 이상 가까워지지 않았으면 하는 지점에서 정지 버튼을 누르게 했다.

즉, 사람이 어디까지 다가오면 불쾌감을 느끼는지 아슬아슬한 거리를 측정하는 실험을 실시한 것이다.

이 실험에서는 참가자의 뇌도 검사해 사회적 혐오감 등을 느끼는 부위를 동시에 확인했다. 그 결과 수면이 부족하면 가까이 다가오지 않았으면 하는 거리가 60%, 즉 1.6배나 멀어지는 것으로 나타났다. 그 정도로 사람이 다가오지 않았으면 하고 바라는 것이다.

또한 1,033명을 대상으로 수면이 부족하면 사람이 다가오지 않아 미움 받기 쉬워진다는 관찰 연구도 실시했다. 잠이 부족한 사람은 고독하고 매력이 없어 보이는, 즉 첫인상이 나빠지는 것을 알 수 있었다.

실험 참가자에게 잠이 부족한 사람과 그렇지 않은 사람이 논의하는 동영상을 보여주고 그 두 사람에게 얼마나 매력을 느꼈는지 물었다. 그랬더니 대부분의 사람이 잠이 부족한 사람은 친구가 없어 고독해 보이고 매력도 없을 것 같다고 판단했다. 물론 두 사람 중 어느 쪽이 잠이 부족한 상태인지 참가자들은 알 수 없었다.

그리고 잠이 부족한 사람의 영상을 60초 정도 보면 실험에 참가한 사람들에게도 고독이 전염되는 것으로 알려졌다. 수동 스트레스와 마찬가지로 고독한 마음도 전염이 된다는 것을 의미한다. 잠이 부족하면 다른 사람을 싫어하게 되는 것과 더불어 미움을 받고 주변에 고독한 마음까지 퍼뜨린다. 이렇듯 부정적인 영향만 미치고 좋은 점은 하나도 없다.

인간관계에서 생긴 문제는 어쩌면 수면 부족에서 온 것일지도 모른다는 것을 이 연구로 알 수 있었다.

또한 자기 주변의 모든 사람이 적으로 보이는 사람이 있다. 자신만 심한 취급을 받고 있다 혹은 괴롭힘을 당하고 있다고 느끼는 사람도 있다.

주변에서 적대감을 내보이는 것도 아닌데 적으로밖에 보이지 않고 친구가 자신을 배신하려 한다고 생각하는 원인이 무엇인지 캘리포니아 대학교가 흥미로운 연구를 발표했다.

연구에 따르면 그 원인 역시 수면 부족이었다. 실제로 수면이 부족하면 상대방의 표정을 읽는 능력이 떨어진다는 것을 보여주는 실험이었다.

연구에서는 16명의 남녀에게 적대감이 전혀 없는 상태로부터 적대감을 그대로 노출하는 상태까지 조금씩 적대감이 늘어나는 사진을 보여 주었다. 그리고 어느 때 적대감을 느끼는지, 어떤 이미지가 적대감을 갖고 있고 어떤 이미지가 자신에게 우호적인지를 판별하는 실험을 다음과 같이 두 그룹으로 나누어 실시했다.

- 숙면한 직후의 그룹
- 24시간 꼬박 밤샘한 직후의 그룹

실험 결과 24시간 꼬박 깨어 있는 상태에서 영상을 보면 대부분의 참가자들이 우호적인 표정과 적대감을 나타내는 표정을 제대로 구별하지 못하고 모두 적대감이 있다고 판단했다. 따라서 수면 부족 때문에 주변이 적으로 보이는 경우가 많이 있다는 것이다.

또한 수면이 부족한 그룹의 뇌를 CT로 스캔하니 뇌의 섬피질과 전대상피질의 기능이 매우 둔화된 것을 알 수 있었다. 이는 감정을 읽는다고 여겨지는 부위로 이 부분이 둔화되었기 때문에 인간의 표정을 분간할 수 없게 된 것이다.

즉, 24시간 밤을 세우면 자신에게 적대감을 보이는 사람과 우호적인 사람의 표정을 구별할 수 없다는 것을 이 연구를 통해 알 수 있었다. 연구자들은 수면 부족은 인간의 감정에서 긍정적인 면을 제거하고 모든 것이 부정적으로 보이게 만든다고 한다.

구분할 수 없게 된 것보다 모두 적대감을 나타내는 표정으로 보인다는 것이다.

과거의 실험에서도 수면이 부족한 사람일수록 사회적으로 고립되고 고독을 느끼는 것으로 나타났다. 수면이 부족하면 모두가 적으로 보이기 때문에 의사소통이 제대로 이루어지지 않고 친구가 없어진다. 그래서 고독해지는 것이다.

인간관계에 있어 불쾌할 때도 짜증날 때도 있지만 집으로 돌아가 밥을 먹고 잠을 자면 잊힌다는 사람이 있다. 사실 이는 렘수면 동안 의사소통으로 분비된 스트레스 유발 신경전달물질이 줄어들기 때문이다. 그래서 제대로 수면을 취하면 싫었던 감정이나 기억이 옅어져 뇌 상태를 제어하기 쉬워지는 것이다.

렘수면의 질이 높아질수록 인간관계에서 발생하는 스트레스가 완화되고 사람의 표정이나 행동도 제대로 읽을 수 있게 된다. 소통 능력을 높이기 위해 이것저것 노력하기보다 푹 자는 것부터 시작하는 것이 좋다.

제 **2** 장

성가신 인간관계는 이렇게 피한다

좋은 사람인 척하면서
공격하는 사람을 퇴치하는 방법

언뜻 상식적이고 좋은 사람인 척하면서 공격하는 경우가 있다. 이런 사람은 자신의 마음에 안 들거나 불편하게 만드는 사람을 교묘하게 공격하는 데 능숙하다.

솔직히 이런 사람과 만나면 성가신 일이 많이 생긴다.

그러나 공격성이 감춰진 사람은 이용 가치가 있거나 편리하게 이용할 수 있는 사람을 자기 편으로 만들고 권력자나 윗사람에게 환심을 사는 데 능수능란하기 때문에 섣불리 적으로 돌리기에는 매우 무서운 존재다. 정면으로 부딪혀서는 아무런 이득이 없는 데다 가장 성가신 유형이라 할 수 있다.

실제로 이런 사람들 때문에 피해를 보는 사람들이 상당히 늘고 있다. 특히 '소통 장애'나 내성적인 사람, 내성적이지만 재능이 있는 사람이 자기 생각대로 되지 않으면 공격하는 것이다.

또한 자기계발의 세계에서 성공했거나 성공한 사람과 친하다고 이야기하고 싶어하는 유형에게도 자주 볼 수 있다.

감춰진 공격성(Coverd aggression)은 지금 전 세계적으로 연구가 진행되고 있는 분야인데 선의를 가장해 공격한다. 그래서 주변에서도 일침을 놓을 수 없을 뿐만 아니라 언뜻 보기에 나쁜 짓이 아니기 때문에 서서히 궁지에 몰리게 되는 것이다.

이런 사람들은 일반적으로 성가신 사람과는 공격해 오는 방법이 달라 어떤 사람이 지위가 올라가거나 기회를 잡으려 할 때 은근슬쩍 눈치 채지 못하게 그 사람의 평판을 떨어뜨린다.

예를 들어 상사가 좋게 평가하여 승진시키려고 하면 감춰진 공격성을 지닌 사람은 이렇게 말한다.

"확실히 그는 열심히 하고 인망도 두텁죠. 그런데 한번 생각해보세요. 지금은 그 사람의 출세보다 부장님의 경력이 더 중요하잖아요. 서툰 사람을 기용해 실패해서 부장님 평판이 떨어질지 모르니 지금의 체제를 유지해 입지를 확실히 다지는 게 결국 그 사람도 부장님이 승승장구하는 데 기여할 수 있어 기쁠 것이고 모두가 행복할 것입니다."

좋은 사람인 척하면서 남에게 해를 가하는 유형이다.

혹은 "기대하고 있어."라며 감당하지 못할 만큼 기대하게 하고는 부숴버리려는 경우나 일부러 실패할 만한 안건을 가져와 뒷수습을 해준 척하는 경우도 있다.

감춰진 공격성 유형은 평소에 남의 상담을 받아 개인 정보를 모아 두고 그것을 편집해 윗사람이나 아랫사람에게 전달해서 인간관계를 깨뜨리려 한다. 그래서 누가 감춰진 공격성을 지녔는지 알고 있지 않으면 대처할 수 없다.

분명하게 공격하면 대처하기 쉽지만 감춰진 공격성은 스스로 간파해 대처하지 않으면 싸울 수 없다. 그래서 가급적 그런 사람들과는 어울리지 말고 자신의 주변에 두지 않는 상황을 만드는 것이 중요하다.

그럼 감춰진 공격성을 가진 사람을 퇴치하려면 어떻게 해야 할까?

감춰진 공격성에 대한 대처로 가장 좋은 것은 '살리지도 죽이지도 않는 것'이다. 어떤 의미에서는 엄청난 생명력을 지녔기 때문에 적으로 돌리면 위험하다. 상대방이 '내 손바닥 위에서 잘 움직이고 있다'고 착각하게 만들고 실제로는 자신이 제어하고 길들이는 것이 중요하다.

덧붙여서 감춰진 공격성 유형은 직장에만 존재하는 것은 아니다. 의외로 남친, 여친, 와이프, 남편, 친척 등이 이런 유형일 수도 있다.

다음과 같은 특징이 있는 사람은 감춰진 공격성을 지녔을 가능성이 크니 주의하자.

❶ 몰랐던 척 폭로한다

예를 들어 "어머 난 몰랐어.", "이거 말하면 안 되는 거였어?"라며 몰랐던 것처럼 남의 부끄러운 일이나 실수를 폭로하는 사람이 있다. 비난할 수도 없지만 무심코 알리거나 무심코 남들이 알 수 있는 방향으로 이야기를 끌고 가는 사람들이다.

❷ 피해자를 가장하여 죄책감을 자아낸다

피해자처럼 굴어 상대방에게 죄책감을 주기도 한다. 일반적으로 상대방을 공격하지만 그렇지 않고 자신이 여러 가지를 했지만 기대에 부응하지 못했다, 배신감을 느꼈다는 듯 말한다.

"여기까지 준비했지만 그럼 그만할게."

"전혀 신경 쓸 필요 없어. 미리 말해 둘 테니까."

이렇듯 부탁하지도 않았는데 선의를 가장하여 쓸데없이 도와주고 "내가 사과해둘게."라며 죄책감이나 스트레스만 안겨주는 사람들이다.

피해를 입지도 않았는데 이런 피해를 입었다 혹은 벼랑 끝으로 내몰렸다며 비극의 주인공이 되려는 사람이다. 화가 나지만 섣불리 비난하면 자신의 입장만 난처해진다.

부부나 커플의 경우 예를 들어 일 때문에 항상 귀가가 늦는

배우자나 상대방에게 이렇게 말한다.

"나는 매일 밥하고 집에서 기다리는데 당신은 회식이다 뭐다 술 마시러 다니고 나는 안중에도 없지. 그래도 괜찮아. 일 때문에 바쁜 거 아니까. 나는 집에서 계속 얌전히 기다릴게."

정말로 이해하고 있다면 일부러 이렇게 말할 필요도 없고 하물며 계속 집에 있을 필요도 없다. 자신도 여러 사람과 교류하면 된다. 자신을 속박하는 것도 아닌데 삶을 희생하고 있다는 듯이 상대방의 죄책감을 자아낸다.

이럴 때는 "기다릴 필요 없어. 당신도 술 마시러 가면 되잖아."라고 말하면 관계가 틀어지고 결국 "너무해, 나는 이렇게까지 하는데……"라며 원망을 듣게 된다.

이와 같이 대처할 수 없는 상황을 만드는 것이 감춰진 공격성 유형의 수법이다. 대안을 제시하면 화를 낸다. 그렇다면 회사에서 회식을 줄이거나 하면 일에도 영향을 미쳐 매출이 적어지고 또다시 비난을 받을 수 있다.

감춰진 공격성 유형의 목적은 나쁘지 않은 척 남을 통제하는 것이다. 가장 큰 문제는 인간관계를 계속해서 악화시키는 것이다. 소중한 인간관계를 간섭하는 사람은 굉장히 위험하다.

직장뿐만 아니라 부부나 커플 사이에도 인간관계가 좋은

편이 두 사람의 관계도 좋아지기 때문에 이것은 매우 위험한 행동이다. 하지만 이렇게 위험한 일을 감춰진 공격성 유형은 해버리고 만다.

'나쁜 사람은 아니다'라고만 생각지 말고 조금이라도 이상한 느낌이 들면 감춰진 공격성 유형일지 모른다고 의심하자. 이 유형인지 아닌지 잘 지켜보고 최대한 가까이하지 말아야 한다.

성가신 사람과 거리를 두는 간단한 최상의 방법

살짝 비겁한 방법이지만 성가신 사람을 자연스럽게 떼어놓을 수 있는 기술이 있다. 단 상당히 강력하기 때문에 일일이 끼어드는 아주 성가신 동료나 마음이 없는데도 끈질기게 구애하는 이성 등 정말 싫은 사람에게만 사용해야 한다.

이 방법은 어떠한 행동으로 상대방을 외롭게 만드는 것이다. 이는 '퍼빙(Phubbing)'이라는 기술로 간단히 말해 대화 중에 스마트폰을 보는 행동이다. 퍼빙은 상대방의 정신에 매우 큰 상처를 주는 것으로 알려져 있다.

영국 켄트 대학교(University of Kent)가 퍼빙의 악영향을 조사한 적이 있다. 퍼빙은 상대방을 외롭게 만들고 인간관계에 좋지 않기 때문에 하지 말라는 연구다.

이 뜻은 모두 잘 알 것이다. 성가신 사람이 다가왔을 때 스마트폰을 보면 물리칠 수 있다는 반면교사 기술이라 이해하자.

켄트 대학교의 실험에서는 19살 전후의 학생 128명을 모아 3분 정도의 애니메이션을 보여줬다. 이 애니메이션의 패턴은 세 가지였다.

- 첫째, 애니메이션 캐릭터가 일반적인 대화를 하고 있다
- 둘째, 애니메이션 캐릭터 중 하나가 대화 도중 간간이 스마트폰을 본다
- 셋째, 애니메이션 캐릭터 중 하나가 대화 도중 계속 스마트폰을 본다

이 세 가지 애니메이션을 보여주고 학생들에게 각자 어떻게 생각했는지 물었다. 그 결과 학생들은 캐릭터 중 하나가 스마트폰을 보면 볼수록 소통의 질은 떨어지고 관계성도 붕괴되는 것 같다고 응답했다.

실제로 상대방이 퍼빙 중인 것을 보면 인간의 뇌가 어떻게 반응하는지도 조사되었다. 상대방이 퍼빙 중이면 자신이 따돌림당하고 있고 이에 더해 사회적으로도 격리당하고 있다는 느낌을 받는다. 인간의 뇌가 자동으로 그렇게 판단하게끔 만들어진 것이다.

외로움은 인생과 의사소통에 큰 손상을 남긴다. 외롭던 사람이 좋은 인간관계를 구축하면 그것만으로도 수명이 15년 늘어난다는 연구도 있을 정도다. 퍼빙은 이런 외로움과 관련된 문제를 악화시키는 것이다.

비록 악의가 없었다고 해도 상대방과 대화 중에 스마트폰을 만지거나 보면 인간관계에 손상을 남긴다. 그러니 정말로 성가신 상대 말고는 사용해서는 안 된다.

그러니 반대로 생각하면 성가신 상대일 때는 스마트 폰을 보면 좋은 것이다. 일상적인 대화로 상대해도 좋지만 스마트폰으로 SNS 등을 보면서 시간을 보내는 것이다. 그러면 상대방이 자연스럽게 떨어져 나간다는 말이다.

나는 상대하고 싶지 않을 때 직접 단호하게 말하지만 여러분 중 확실히 말할 수 없을 때는 스마트폰을 꺼내 간접적으로 상대방을 멀리하는 기술을 사용해 보는 것도 좋을지 모른다.

단 지나쳐서는 안 된다. 소중한 사람에게는 절대로 퍼빙하지 않도록 주의하자.

▌싸움을 최단 시간에 끝내는 포인트

연인이나 부부 사이에 있어 어떻게 하면 싸움을 빨리 끝낼 수 있을까? 간단한 질문을 딱 하나만 하는 꽤 쓸 만한 기술이 있다.

캐나다 워털루 대학교의 연구를 통해 연인이나 배우자와 싸웠을 때 무엇을 하면 싸움을 빨리 끝낼 수 있는지 조사했는데 이때 어떤 특정 질문을 하면 효과가 있다는 것이 밝혀졌다.

그 질문은 다음과 같이 매우 간단했다.

"지금 두 사람의 싸움을 1년 후에 떠올리면 어떤 기분이 들 것 같습니까?"

연인이나 부부뿐만 아니라 누군가와 싸우고 화를 낼 때 인간은 매우 단편적이 된다. 근시안적으로 분노라는 감정에 휘둘려버리는 것이다. 그래서 냉정을 되찾으면 서로의 좋지 않았던 점, 개선점 등이 보여 자포자기하지 않게 된다. 싸웠거나 화를 냈을 때는 성질이 급해졌다는 사실을 자각하고 장기적인 관점으로 바꿔보자는 것이 이 질문의 포인트다.

실험에서는 최근에 배우자나 연인과 싸운 사람들을 모은 후 두 유형으로 분류했다.

- 지금 싸우는 것을 상상한 그룹
- 미래의 시점에서 싸움을 상상한 그룹

그 결과 미래의 관점으로 바라보게 한 그룹, 1년 후 자신의 관점에서 싸움을 상상한 그룹은 서로의 관계를 긍정적으로 바라볼 수 있어 상대방을 용서하려는 마음이 커진다는 것을 알게 되었다.

용서는 자신에게도 이롭고 행복과 긍정적인 감정을 고조시킨다. 또한 진심으로 용서하면 짜증이 나지 않기 때문에 자신의 시간과 집중력, 노력을 낭비하지 않게 된다.

또한 이 방법은 친구나 동료와 싸웠을 때도 사용할 수 있다. 미래로 시점을 옮기면 '1년이 지나면 또 술을 마시러 함께 가겠지. 그리고 저런 바보 같은 일도 했지 정도로 생각하고 있겠지.'라는 생각에 용서할 수 있게 되는 것이다.

연인이나 배우자와의 사이에서는 돈이나 질투 등 회사에서와는 다른 깊은 문제가 생기기 마련이다. 그랬을 때 한때의 감정에 좌우되면 사소한 싸움이 원인이 아니라 감정을 폭발시킨 것이 원인이 되어 관계가 끝나게 될 수도 있다.

하지만 두 사람이 장기적인 관점을 가지면 지금 자신들을 움직이고 있는 감정과 앞으로의 관계를 분리해서 생각할 수 있다. 그 결과 갈등이 줄어 냉정한 판단을 내릴 수 있게 된다.

그렇다고 해도 막상 연인이나 배우자와 싸웠을 때 '1년 후를 생각해 보자.'고 해도 신경 쓰지 않을 가능성이 더 높다. 그래서 미리 '싸웠을 때는 1년 후 기분이 어떨지 생각하자.'고 약속을 하는 것이 좋다.

화가 났을 때 짜증나는 기분을 1년 후에 어떤 식으로 생각하게 될까 생각해, 쓸데없이 짜증내는 일을 줄이자.

▌고집 센 상대를 설득하는 최고 기술

업무 시 설득, 판매 시 협상, 연애까지 다양한 경우에 사용할 수 있는 기술로 고집 센 상대를 설득하는 최고의 방법이 있다. 이는 일반적인 설득 방법과 달리 과학적 근거가 있기 때문에 누가 사용해도 어느 정도 효과를 볼 수 있다.

근거가 되는 연구는 이스라엘 텔아비브 대학교(Tel Aviv University)가 진행했는데 결론부터 이야기하면 상대방을 설득할 때는 '매우 격렬하게 찬성'하는 것이다.

예를 들어 상대방이 "나는 ○○라고 생각해."라고 말하면 "맞아! 네 말이 다 맞아! 네가 세상에서 최고야!"처럼 과잉이라 할 정도로 동조하면 상대방은 "아니, 그렇게까지는……"이라며 자신의 의견을 부정하기 시작한다. 이걸 반복해서 상대방을 설득하는 기술이다.

나는 이를 '극단적인 주장의 역진성(逆進性)'이라고 부른다. 사람은 극단적인 주장을 피하려고 해서 상대방이 긍정하면 적당한 지점에서 타협하려고 한다. 따라서 이 기술이 강력한 것이다. 실험에서는 150명의 이스라엘 남녀를 두 그룹으로 나누어 절대로 설득되지 않을 소재를 가지고 실행되었다. 한쪽 그룹에게는 평범한 TV 광고를 보게 했고 다른 그룹은 매우 민감한 문제인 팔레스타인 문제와 관련된 영상을 보도록 했다.

영상은(그 문제에 대한 생각이나 민족에 대한 편견과는 아무런 상관없는 단순한 설명임을 밝힌다.) 간단히 말해 '이스라엘은 세계에서 가장 도덕적이고 옳은 만큼 세계 최강의 군대로 팔레스타인 문제를 해결해야 한다! 이스라엘이 옳다!'와 같은 극단적인 주장이 담긴 영상이다. 소위 말하는 사상을 주입하려는 프로파간다(어떤 이념이나 사고방식 등을 주입식 교육을 통해 어느 하나의 철칙으로 여기게 하며, 주로 선전·선동의 형태임-옮긴이) 영상이다. 이 두 그룹이 각각의 영상을 보고 팔레스타인 문제에 대한 생각이 어떻게 달라졌는지를 알아봤다.

이스라엘에는 자신들이 가장 도덕적인 사회를 만들었다고 믿는 사람이 적지 않다. 즉, 이스라엘이 최고라고 생각하는 사람들의 생각을 바꿀 수 있는지 조사한 실험이다.

이스라엘이 세계에서 가장 도덕적이라고 믿는 사람들에게 팔레스타인 문제를 군사력으로 해결하는 것은 좋지 않다고 정면으로 부정하듯 말하면 당연히 거센 항의를 받는다. 이 연구에서는 이를 설득할 수 있는 방법이 없는지 살펴보고 있다.

6주 동안 실험한 결과 극단적인 주장이 담긴 프로파간다 영상을 보여주었던 그룹은 무려 30%의 사람이 의견을 바꿨다. 종교가 얽힌 문제는 매우 뿌리가 깊다. 하지만 극단적으로 찬성하는 의견을 보여주니 생각이 점점 바뀌어 결과적으로 신념조차도 바뀌었다.

아무리 설득해도 전혀 이해하지 못하고 움직이지 않으며 자신의 생각을 들어주지 않는 이유는 서로 장벽을 만든 상태에서 이야기하기 때문이다. "나는 A다", "나는 B다"만으로는 자신들이 올바르다고 믿고 있는 벽에 부딪히기만 할 뿐 점점 뿌리 깊은 문제가 되어 간다.

텔아비브 대학교의 실험에서는 정치 문제를 다뤘다. 이렇게 뿌리가 깊은 문제에서도 30%나 생각을 바꾼 것이라 일상에서도 유용하게 사용할 수 있을 것이다. 상대방을 설득하고 싶을 때는 자신에게 책임이 미치지 않는 범위 내에서 무조건 찬성해 보자. 그러면 인간은 꽤 냉정하게 사물을 생각하게 된다.

예를 들어 당질 제한으로 살이 빠졌거나 ○○ 다이어트로 살이 빠졌다고 하자. 이때 당질을 섭취하는 사람은 쓰레기다, 법률로 제한해야 한다며 강하게 말하는 사람이 나타나면 자기 자신이 당질 제한 중이라도 '그렇게까지 말하지 않아도…' 혹은 '당질에도 좋은 점이 있다'는 중립적인 입장을 취하기 쉬워진다.

반대로 자신의 생각에 동조해 주길 바라며 극단적인 주장을 펼치는 사람이 있다. 하지만 그러면 오히려 냉정해진다.

설득하고 싶다면 '상대방의 의견에 극단적으로 찬성하는 말'을 해보자. 그러면 상대방의 신념을 바꿀 수 있다.

그렇다면 이 기술을 연애 등에서 활용하려면 어떻게 하면 좋을까?

예를 들어 연인이 있는 여성을 빼앗고 싶다면(이 자체는 추천하지 않으며 책임질 수 없다) 남성 친구의 나쁜 점을 말하는 것이 아니라 이렇게 말한다.

"네 남자 친구는 최고지. 돈도 있고 외모도 멋지고 연예인 같아. 너무 착해서 집에서도 요리는 물론 빨래랑 청소랑 다 해줄 것 같아!"

계속 칭찬하면 반드시 불만이 생긴다.

이를 반복하다 보면 상대방 입에서 푸념이 나오게 되어 빼앗기 쉬워진다.

반대의 경우에도 사용할 수 있다. 예를 들어 아이가 공부하기 싫다고 하면 이렇게 말해보자.

"공부 안 해도 돼! 공부 안 해도 성공한 사람도 있어. 고졸인데 사업에 성공한 사람도 있으니 너도 그렇게 해! 아니 지금 당장 일하는 편이 좋지 않을까? 중학교만 졸업하고도 성공한 사람도 있어!"

그러면 '대학은 나와야 하지 않을까…' 하며 아이도 냉정하게 생각하게 된다.

이렇게 상대방의 의견에 맞춰 극단적으로 주장하여 상대방을 설득하는 기술은 꽤 유용하니 꼭 활용해 보자.

▌상대의 거만한 태도 타파 방법

조금 야비하지만 상대방을 논파하는 기술을 하나 소개한다. 이 기술은 거의 모든 상대에게도 통용되는 것으로 특히 그 상대가 위선자일수록 유용하게 사용할 수 있다.

흔히 '너를 위한 거다' 혹은 '모두를 위한 거다'라는 식으로 내가 이득을 보고 싶을 뿐인데 위선적인 발언을 하는 사람들이 있다. 자녀를 내 지배 하에 두고 싶으니까 "너를 위해"라며 제어하려는 부모 혹은 부하를 제어하려는 상사가 있다.

이렇게 자신을 정당화하려고 하거나 위선적인 사람을 한 번에 타파할 수 있는 것이 바로 '유사점(Analogy) 남용'이다. 알고 있으면 이 기술에 당한 경우에도 공격할 수 있다.

이는 유사점을 의도적으로 남용하는 기술이다. 원래는 2007년에 이루어진 논파 관련 연구에서 경제학자 매드슨 피리(Madsen Pirie)가 논쟁에서 이기기 위한 방법으로 논리적

오류 목록을 작성했고 2018년에 사회심리학자 보 베넷(Bo Bennett)이 궤변적 사고방식을 추가하여 궤변 효과를 모은 요약본을 내놓았다.

인간은 공통점이나 유사점의 영향을 매우 크게 받기 때문에 그 설득력은 상상 이상이라 말할 수 있을 정도다.

예를 들면 성이나 이름의 일부가 같다, 생일이나 태어난 달과 별자리가 같다, 혈액형이 같다, 좋아하는 스포츠가 같다, 좋아하는 곡의 장르가 같다, 출신지가 같다 등, 무엇이든 공통점이 하나라도 있으면 상대방에게 미치는 영향력이 2배가 되는 것으로 알려졌다.

즉, 공통점이 없을 때에 비해 상대방이 내 부탁을 들어줄 확률, 설득될 확률이 두 배나 높아지는 것이다.

이렇듯 공통점이 하나만 있어도 상대방에게 강력한 영향력을 미칠 수 있다. 상대방과 친해지고 싶을 때는 서로의 공통점을 이야기하면 매우 효과가 크다.

이러한 공통점을 반대로 상대를 논파하는 데 사용하려는 것이 유사점 남용이라는 기술이다. 즉, 누구나 악당이라고 생각하는 혹은 회사나 조직 문화를 생각했을 때 적이라고 생각하는 사람이나 조직과의 공통점을 이야기하는 방법이다.

예를 들어 자연 보호 활동 중인 단체에 들어갔고 그 단체에서 패권을 다투게 되어 상대방을 논파하고 싶은 상황에 있다고 하자. 이럴 때는 상대방을 자신들이 소속된 커뮤니티의 적과 똑같이 생각하고 있다며 부정적인 것과 연결시킨다.

"넌 마치 비닐 봉지를 맘대로 써도 된다는 사람들과 똑같은 소리를 하는구나."

이것이 유사점 남용으로 익숙해지면 여러 상황에서 사용할 수 있다.

하지만 예를 들어 '어디까지나 선의로 모두를 위한 일을 하고 있을 뿐'이라는 위선자가 있다면 그 위선자를 일반적인 생각으로 논파하는 것은 무척 어렵다. 그런 상대에게는 다음과 같이 말한다.

"그렇지만 히틀러도 선의로 행동했죠."

이렇듯 히틀러와의 유사성을 어필하는 것이다. 한마디로 '넌 히틀러랑 똑같다'고 말하는 셈이다.

이처럼 '모두를 위해 한 일'이라고 위선을 떠는 상대라도 악인으로 만들 수 있다. 이 기술을 잘 활용하면 정말 누구든 타파할 수 있다.

조금 더 예를 들어보자.

예를 들어 '악의는 없었다'는 상대에게는 이렇게 말한다.

"그건 대부분의 살인마가 '죽일 생각은 없었다'고 말하는 것과 똑같네요."

이렇게 상대방을 살인마의 이미지와 연결시킬 수 있다.

'모두를 위해 한 일이다'라는 상대에게는 다음과 같이 말한다.

"뇌물을 먹은 악덕 정치인일수록 겉으로는 국민을 위한다고 호소하지요."

그러면 모두를 위한 것이라고 말하는 사람일수록 뒤에서는 나쁜 짓을 하고 있다는 이미지와 연결시킬 수 있다.

또한 모두가 새로운 일을 하기 위해 들떠 있을 때 찬물을 끼얹는 사람이 있다.

"그 시스템 이행은 좀 더 신중하게 생각하는 게 좋겠어."

자신은 일하고 싶지 않아 쓸데없는 말을 하는 사람이 있다. 이럴 때는 이렇게 대응하자.

"마치 일이 더딘 공무원 같은 변명이군."

상대방을 좋지 않은 대상과 강제로 연결시키며 말한다.

유사점 남용은 누군가를 공격하는 것보다 공격받고 반격할 때 사용하는 편이 좋다. 대의명분을 내세워 공격해 오는 상대방에게 유사점 남용은 매우 강력하게 작용하니 꼭 활용해 보자.

참고로 이 기술은 1 대 1 상황에서는 서로 평행선을 유지할 뿐 그다지 효과가 없다. 여러 사람과 함께 있을 때 사용하면 매우 효과가 있다.

단, 이 기술을 사용하면 인간관계가 산산조각 나기 때문에 인간관계가 완전히 끊어진다 해도 상대를 타파해야 할 경우에만 사용하자.

▌ "비가 와서 죄송합니다" 한마디로 신뢰감 향상

나쁜 일을 하지 않았는데도 사과할 때가 있는데 사실 이것을 잘 활용하면 남에게서 상당한 신뢰를 받을 수 있다. 하버드 비즈니스 스쿨에서는 비가 내린 것에 대해 사과하면 남에게 신뢰를 받는다는 정말 이상한 연구 결과를 발표했다.

이 실험에서는 연구자가 평범하게 "휴대폰 좀 빌려주실 수 있을까요?"라고 부탁했을 경우와 "오늘은 비가 와서 죄송합니다. 그런데 휴대폰 좀 빌려주실 수 있을까요?"라며 비가 오는 것을 사과하고 부탁해 본 것이다. 결과는 비가 온 것을 사과한

후 휴대폰을 빌려달라고 하면 45%나 빌려줄 확률이 높아진다는 것이다.

덧붙여 비에 한정할 필요 없이 전철이 늦었다, 기온이 너무 높다, 세상이 불경기다 등 개인의 힘으로는 어쩔 수 없는 것에 대해 사과하면 신뢰감이 높아진다는 것이 이 연구로 밝혀진 것이다.

자신에게 과실이 없어도 먼저 사과하면 상대방의 신뢰감이 올라간다. 따라서 소통에 신뢰감을 높이려면 먼저 사과하는 것이 중요하다고 할 수 있다.

미국의 케네디(Kennedy) 전 대통령은 자신의 최대 실패로 이야기되는 쿠바 피그만(The bay of pigs) 침공에 대해 모든 결단의 책임은 자신에게 있다고 표명했다. 이 사과를 국민들이 받아들여 그의 지지율은 크게 올라갔다. 즉, 자신의 과실이나 약점을 정면으로 인정할 수 있는 사람은 신뢰할 수 있고 리더로서 적합하다고 생각하는 것이다.

인간의 뇌는 사과할 줄 아는 사람을 강한 인간이라 판단한다. 따라서 혼자 힘으로는 해결할 수 없는 일이나 자신이 나쁘지 않은 일이라도 사과해 두는 편이 소통의 질이 오르고 신뢰받기 쉬워진다.

자녀들의 결혼식 하객 인사로 "좋지 않은 날씨에도 와 주셔서……"라는 인사말이 있다. 날씨가 좋지 않은 상황은 본인에게도 주최하는 사람에게도 아무런 잘못이 없다. 하지만 그런 와중에도 와준 분들에게 미안한 마음을 담아 감사를 전하는 것이다.

이처럼 자신의 힘으로는 어쩔 수 없는 것을 인사 정도로 가볍게 말해도 좋으니 사과하면 상대방과 더 좋은 관계를 맺을 수 있게 되는 것이다.

▌무릎을 꿇어도 효과 없는 사과

정말 미안해서 여러 번 사과했는데도 용서받지 못했다, 용서 못한다며 끈질기게 그때 일을 불평한다. 이런 경험을 누구나 한 적이 있을 것이다. 이럴 때 상대방이 쉽게 용서해 주는 효과적인 사과 방법이 있다.

2016년에 미국 오하이오 주립대학교(The Ohio State University)가 755명의 남녀를 모아 어떤 가공의 회사 사원이 일하다 실수한 이야기를 준비한 후 참가자에게 실수한 사원의 상사가 되어 사과받는 연기를 요청했다.

그 결과 어떻게 사과했을 때 용서를 받을 수 있었고 또 용서받기 쉬웠는지를 알 수 있었다. 효과에는 다소 차이가 있었지만 그 방법은 여섯 가지 패턴으로 나눌 수 있다.

❶ 자기 책임을 인정한다

"제가 잘못했어요. 제 책임입니다."라며 자신의 책임을 인정한다.

❷ 문제의 해결책을 제시한다

"이번에는 잘못했습니다. 앞으로 이런 일이 일어나지 않도록 이러한 해결책을 마련하겠습니다."라며 해결책을 제시한다.

❸ 후회를 나타낸다

"왜 그런 일을 했는지, 지금도 자기 전에 후회하고 있습니다. 정말로 후회됩니다."라며 후회하고 있다는 점을 호소한다.

❹ 무엇이 나빴는지 설명한다

무엇이 어떻게 나빴는지를 제대로 설명한다. 후회를 나타내는 것과 가깝지만 잘못된 부분을 강조하는 패턴이다.

❺ 이제 두 번 다시 하지 않겠다며 사과한다

"이걸로 많이 혼났습니다. 다시는 안 그럴 테니 용서해 주십시오."라는 패턴이다.

❻ 한결같이 용서를 구한다

"정말 죄송합니다. 더 이상 그러지 않겠습니다. 정말로 죄송합니다."라며 용서를 빈다.

이 여섯 가지 중에서 가장 효과적이고 용서받을 가능성이 가장 높은 사과 방법은 바로 ❶의 '자신의 책임을 인정하는 것'이었다. 다음은 ❷의 '문제의 해결책을 제시하는 것'이었다. 즉, '자신의 책임을 인정한 후' '문제의 해결책을 제시하는 것'이 가장 좋은 사과 방법이라고 할 수 있다.

한편 ❸ '후회를 표명한다'부터 ❺ '이제 두 번 다시 하지 않겠다며 사과한다'는 모두 비슷하게 효과가 별로 없었다.

그리고 가장 효과가 적었던 것이 ❻ '한결같이 용서를 구한다'였다. 이렇게 사과하려면 하지 않는 게 차라리 낫다.

기본적으로 '자신의 책임을 인정한 후' '문제의 해결책을 제시하는 것'이 가장 효과적이며 그 이외에는 효과가 없다는 것이 연구를 통해 밝혀졌다. 용서를 받기 위해 여러 가지를 시도하기 쉽지만 효과가 없을 뿐만 아니라 오히려 '불에 기름'을 붓는 것으로 알려졌다.

연구팀은 실수를 저지른 것은 자신이고 자신의 과실이 원인이라며 먼저 실수를 인정하는 깨끗함이 중요하다고 했다.

단, 자신의 잘못을 인정하고 사과해도 좀처럼 마음이 전해지지 않는 경우도 있다. '말로만 한다'든가 '겉으로만 사과하는 거 아니냐?'라는 말을 듣는 경우가 있는데 이는 자신이 잘못했다는 것을 인정하는 시간이 적기 때문이다.

예를 들어 "이것은 제 실수입니다. 앞으로 ○○할 테니 용서해주세요."라고 사과해도 "……하지만……", "……그래도……"가 들어가면 후반부가 강조되어 그 부분만 기억에 남는다. 심지어는 끝에 '용서해 달라'는 말을 하기 때문에 역효과를 내는 것이다.

말뿐인 사과로 들리지 않으려면 처음에 자신의 책임을 인정하는 부분을 폭넓게 이야기하고 상대방의 이야기도 상대방이 더 이상 할 말이 없다 할 정도로 잘 들은 후 상대방의 말을 인용하면서 앞으로 비슷한 실수를 하지 않기 위해 어떤 대책을 세울 것인지, 어떻게 잘못을 고칠 것인지를 보여줘야 한다.

이때 무릎을 꿇는 행위는 거의 효과가 없다. 용서받기 위해 한다는 생각이 들게 만들면 좋지 않다. '책임을 인정하고 행동을 시작한다'는 것을 보여주는 것이 중요하지 '용서해 달라'는 마음만 드러나면 전혀 의미가 없게 된다.

▌화해를 잘하는 사람들이 쓰는 마법의 말

미국 조지아 대학교(The University of Georgia)에서 화해를 잘하고 좋은 결혼생활을 보내고 있는 커플들의 특징을 연구했다. 500쌍에 가까운 부부를 대상으로 결혼생활을 얼마나 잘 보내고 있는지 평소에 어떻게 소통하는지 등 다양한 설문 조사를 바탕으로 좋은 결혼생활에 필요한 요소들을 알아보았다.

그 결과 대화 시 상대방에게 '감사'의 말을 많이 쓰면 결혼생활의 만족도가 높아져 좋은 커플이 된다는 것을 알 수 있었다. 커플이 인생의 고민이나 큰 어려움에 처했거나 부부 싸움을 했어도 감사의 말을 전하면 두 사람의 상황은 좋아진다.

즉, 좋은 관계를 맺고 있는 사람들은 화해할 때 감사를 전달하는 것이다. 물론 사과도 하지만 그보다 감사의 말을 더 중시한다. 이를 의식하고 주의하면 빨리 화해할 수 있고 서로의 어려움을 극복하는 힘 또한 커진다. 고민도 없고 싸우지 않는 커플은 없을 것이다. 아무리 격렬하게 싸워도 감사의 마음을 전달하는 것이 두 사람의 관계에 매우 중요하다.

또 한 가지 잊지 말아야 할 것은 사과는 부정당할 수 있다는 점이다. 아무리 사과해도 "사과만 하면 된다고 생각하지?"

내지는 "이제 와서? 이미 늦었어!"라고 응수하는 일이 있다.

하지만 감사의 말을 하면 부정하기 어렵다. 감사의 말을 부정하면 부정한 쪽이 나쁜 사람이 되기 때문이다. 이것이 감사의 효과라는 것이다.

사람은 근본적으로 자기가 옳다고 생각하고 싶어 하며 좋은 사람이 되고 싶어 한다. 부부 관계뿐만 아니라 상대방을 설득할 때도 감사의 말을 사용하자.

참고로 감사에서 중요한 포인트는 표면적이 아니라 상대가 있음으로 해서 자신의 인생에 어떠한 영향이 있는지, 자신의 인생이나 생각이 얼마나 긍정적으로 바뀌었는지를 전달하는 것이다. 평소에도 상대방의 존재가 자신에게 미치는 영향을 구체적으로 감사하고 이를 전달하자.

사이코패스에게서 배우는 분노를 멀리하는 기술

사이코패스라고 하면 살인마 내지는 연쇄 살인범이라는 이미지가 있는데 사이코패스는 쉽게 말해 굉장히 의지가 강해서 남이 무시하든 말든 자신이 해야 할 일에 집중하여 남에게 휩쓸리지 않으면서 자신다운 결정을 내려 상황을 만들어가는 사람을 말한다.

옛날에는 분위기를 파악하고 조화를 중시하며 주변의 의견에 자신을 맞추는 것이 중요했지만 이는 사회가 폐쇄적이었기 때문이었다. 옛날에는 지역마다 출입을 통제하는 관문이 있어 특별한 허가를 받지 않는 한 이동이 불가능했던 적도 있었다. 그러니 한정된 좁은 커뮤니티 내에서 살아가려면 남들에게 맞추지 않을 수 없었다.

예전에는 사이코패스가 되어 "내가, 내가"라고 나서며 무리의 상식을 어기면 죽임을 당할지도 몰랐다. 이렇듯 상식을 지키는 것이 사회에서 살아가는 데 유리했기 때문에 다들 눈치를 보며 살아갈 수밖에 없었다.

그런데 지금은 아니다. 이제는 나와 의견이 맞는 사람이나 생각이 맞는 사람을 SNS 같은 커뮤니티를 통해 쉽게 찾을 수 있다.

예를 들어 YouTube 등에서도 인기가 있는 사람들은 남들과는 다른, 특이한 사람들이다. 그런 사람들이 더 매력적이니까 그들을 좋아하는 사람들이 모이는 것이다.

세계화가 일어나고 정보화 사회가 되면서 자유롭게 정보를 내보낼 수 있게 된 요즘은 분위기를 파악하는 사람의 시대는 끝났다고 할 수 있다. 어떻게 보면 이제부터 사이코패스의 시대가 오고 있는 셈이다.

사이코패스는 자신의 결정이 매우 합리적이라 생각하고 남과 주변의 감정에 휩쓸려 다른 선택을 하지 않는다. 또한 항상 냉정하게 자신을 바라보기 때문에 잔혹한 결정이나 사실도 받아들일 수 있다. 왜냐하면 감정에 집착하지 않기 때문에 자신이 합리적이라고 생각하는 선택은 자신의 감정도 남의 감정도 개의치 않고 선택할 수 있기 때문이다.

이 집착하지 않는다는 사이코패스성이 중요하다. 우리는 무언가에 성공하면 그 성공에 얽매여 집착하기 쉽다. 하지만 사이코패스는 목적을 달성할 수 있다면 무엇이든 좋다. 집착하지 않기 때문에 불필요한 것은 버리고 다음에 도전할 수 있다.

게다가 자기 감정을 분리하는 데 굉장히 능숙하다. 사이코패스도 분노는 느끼지만 분노를 접어두고 냉정하게 사물을 볼 수 있다.

이러한 사이코패스성을 익히면 남에게 들은 욕설이나 주변의 압박이 전혀 신경이 쓰이지 않는다. 둔감한 것은 아니기 때문에 이해는 하고 있다. 단, 무시할 수 있는 것이다.

사이코패스는 분위기를 파악할 수 없다고 생각하기 쉽지만 파악할 수 없는 것이 아니라 파악하지 않는 것이다. 즉, 주변이 어떻게 돌아가고 있고 자신이 어떤 기대를 받고 있는지 알고 있으며 남이 일반적으로 어떻게 행동하는지 알고 있지만 '하지 않는 것'이 사이코패스다.

이런 사이코패스성을 익히면 여러 의견은 신경 쓰지 않고 자신이 원하던 삶을 손에 넣을 수 있다. 미움을 받을지도 모른다는 점도 전혀 신경 쓰지 않고 상대방에게 말을 건네는 데 좋은 쪽으로 둔감함을 발휘한 외향성과 감정을 일절 분리해 냉정하게 판단할 수 있는 정신력, 이 두 가지의 사이코패스성을 손에 넣으면 강력한 무기가 된다.

두려움 없이 그것을 극복할 수 있다는 것은 여러 상황에서 삶의 질을 높여준다. 또한 동요하지 않는 마음을 가질 수 있어 목적에 부합되지 않는 여러 의견은 무시할 수 있게 된다.

참고로 사이코패스에는 1차 사이코패스와 2차 사이코패스가 있다. 1차 사이코패스는 사이코패스적인 기질을 가진 사람이 소통의 기술을 익힌 것을 뜻하며, 2차 사이코패스는 자기중심적이고 남에 대해서는 아무것도 생각하지 않는 이른바 살인마와 같은 유형이다.

우리는 1차 사이코패스를 통해 배우고 그들이 어떻게 남의 눈을 신경 쓰지 않고 자유롭게 강한 의지를 실행하며 살 수 있는지를 분석해 사이코패스의 순기능적인 면만 익히면 된다.

▌이야기를 듣지 않는 사람과 대화하는 방법

남의 말을 듣지 않는 사람은 설득할 수 없을 뿐만 아니라 자신이 하고 싶은 말도 전달되지 않기 때문에 가족이나 동료에 이런 유형이 있으면 결국 자신이 뒷수습을 해야 한다. 그래서 생산성이 향상되지 않을 때가 있다.

그렇지만 남의 말을 하나도 안 듣고 살 수 있는 사람은 없다. 따라서 이야기를 듣는 사람과 안 듣는 사람의 차이점이 무엇인지 먼저 살펴보고 이를 바탕으로 이야기를 듣게 만들려면 어떻게 해야 하는지 이해할 필요가 있다.

한층 더 깊게 살펴보면 1 대 다수의 경우 거의 모든 사람이 이야기를 듣지 않을 때 어떻게 하면 이야기를 들어줄까를 이해할 수 있게 된다. 또한 이것은 YouTube에서 회원을 늘릴 수도 있고 Instagam이나 Twitter에서 팔로워를 늘릴 수도 있다.

아니면 새로운 상품이나 서비스를 출시하려 할 때나 이직이나 새로운 것에 도전하고자 할 때 내 이야기에 관심을 갖게 만들려면 어떻게 해야 하는지 알게 된다.

이야기를 '듣는다, 듣지 않는다'와 관련해 크게 세 가지 유형으로 사람을 분류할 수 있다.

❶ 개방적이고 새로운 것에 관심이 많은 사람

이 유형은 모르는 이야기를 하거나 본 적이 없는 것을 보여주면 일단 쉽게 이야기를 들어준다고 할 수 있다.

❷ 보수적인 사람

이 유형은 새로운 생각을 받아들이는 일이 없기 때문에 자신이 알고 있는 범위나 자신이 받아들일 수 있는 범위 내에서만 남의 이야기를 들을 수 있다. 남의 말을 듣지 않는 사람들의 대부분이 여기에 속한다.

❸ 차별주의자

이 유형은 유연성이 현저하게 낮고 보수적을 넘어 변화나 다른 것, 어떤 현상의 복잡함을 이해할 수 없다. 예를 들면 "한국인은 모두 ○○다", "중국인은 모두 ○○다" 같이 모든 것을 하나로만 묶어서 생각하여 개개의 차이를 보지 않기 때문에 이야기를 들어주길 바란다면 특수한 대응이 필요하다.

　여기서는 가장 많은 유형인 보수적인 사람에게 이야기를 들려주는 방법을 이야기하려 한다.

　보통 아무리 보수적인 사람이라도 호기심은 가지고 있는 법이다. 유연성이 높거나 위험을 배제하는 능력이 뛰어난 사람은 자신이 모르는 일, 해 본 적이 없는 것, 가슴이 두근거리고 흥미로운 것에 호기심을 갖는다.

　이와는 반대로 계속해 왔으니까 앞으로도 계속할 것이라고 말하는 사람도 있다. 자신이 알고 있는 범위에서 벗어나고 싶지 않은 사람들인 것이다. 예를 들면 나는 문과이기 때문에 직업도 문과 쪽으로 찾는다거나 이직할 때 동종업계를 선호하는 사람들이다.

　이렇게 호기심을 갖는 폭이 좁은 사람을 새로운 방법으로 설득하기란 꽤 어렵다. 하지만 보수적인 사람의 호기심에는 특징이 있다.

일반적으로 인간의 뇌는 긍정적인 정보를 추구하고 부정적인 정보를 피하는 편이다. 예를 들어 담배를 피우면 어떻게 해로운지 흡연자에게 아무리 말해도 이런저런 이야기를 하며 자기에게 좋은 정보만 찾으려고 한다.

남의 말을 듣지 않거나 호기심이 적고 새로운 것을 배우거나 시야를 넓히지 않는 사람에게 '틀렸다'고 말해도 자기에게 유리한 이론을 펴거나 말도 안 되는 이유를 대는 등 결국 인정하지 않으려 한다.

이런 사람을 정면으로 설득하기는 어렵다. 따라서 그 사람에게 유리한 정보를 제공해야 한다.

기본적인 기술을 하나 소개하자면 연구에서도 권장되는 '차이 보충법'이 있다. 이는 상대방의 호기심을 부추기는 기술로 YouTube 등의 제목을 생각할 때도 사용할 수 있다.

먼저 "무슨 뜻이지?" 싶은 의외성 있는 것을 제시한다. 그리고 상대방에게 긍정적인 정보를 제시해 가장 하고 싶은 말을 전한다.

예를 들어 담배를 끊었으면 하는 상황을 생각해 보자. 담배가 해롭다는 사실을 아무리 말해도 전혀 들으려고 하지 않는다.

그런데 이 사람이 만약 골프를 좋아해서 핸드폰을 보고 있는데 '이걸 그만두고 골프 타수가 줄은 연예인의 비밀' 같은 제목의 기사가 나오면 궁금해서 클릭하게 된다.

그리고 '담배를 끊어서 골프 타수가 줄었다'는 내용이 나오면 담배를 끊을까 생각하기 시작한다.

우선 긍정적인 정보로 호기심을 부추기고 다음으로 담배를 끊으면 집중력이 높아져 골프 타수가 줄어든다는 정보를 전달하면 최근에 흡연자에 대한 비판도 거세지고 있으니 끊어볼까 생각하게 할 수 있다.

이것을 정리하면 다음과 같다.

- 차이 보충법으로 호기심 자극
- 상대방에게 긍정적인 정보 전달
- 상대방이 이해해 주었으면 하는 사실 전달

이 삼단식은 나도 자주 사용하는 방법으로 상당히 효과가 높다. 상대방에게 하고 싶은 말이 있을 때는 먼저 상대방이 관심을 갖고 있는 것을 생각해 보자. 자신이 전하고 싶은 이야기를 그것과 어떻게 조합할지가 중요하다.

인간관계를 돈독히 만드는
부탁의 타이밍

　모두 남에게 거부감 없이 부탁할 수 있는 유형인가? 부탁을 잘 못하는 사람은 큰 손해를 보고 있을 가능성이 높다. 왜냐하면 부탁은 인간관계를 돈독하게 만들기 때문이다.

　이렇게 말하면 주변의 부탁을 항상 흔쾌히 받아들이는 사람이 인간관계가 좋아지는 것은 당연하다는 사람이 있다. 하지만 그렇지 않다. 인간은 부탁을 들어주는 사람보다 자신에게 부탁하는 사람을 더 좋아하는 재미있는 특성이 있다.

　생각해 보면 그 반대일 것 같다. 부탁을 들어줘서 도와주는 것이기 때문에 부탁을 들어주는 사람을 좋아하게 되는 이유를 알 수 있다. 그런데 사람은 부탁을 받고 그 부탁을 들어줄 수록 부탁하는 사람을 좋아하게 된다.

　그 이유는 인간은 원래 무리를 만드는 생물로 무리 안에서 필요 없다는 판단을 받으면 살 수 없었기 때문이다. 무리 내에서 가치 있는 존재라고 평가받고 싶기 때문에 본능적으로 주변에서 의지할 수 있는 사람이 되고 싶은 마음이 있는 것이다.

　만약 남한테 부탁을 받고 그것을 들어주는 관계에서 그 사

람을 좋아하지 못하면 무리 내에서 서로 돕는 일이 사라진다. 진화심리학에서는 인간이 서로 돕는 성질을 가지고 있었기 때문에 살아 남았다고 한다.

따라서 친해지고 싶은 상대가 있다면 그 사람에게 도움을 받으려면 어떻게 해야 할지를 생각하는 것이 좋다.

물론 도움만 받을 수는 없다. 또한 상대에게 큰 부담을 주는 것을 부탁해서도 안 된다. 하지만 점점 의지하는 편이 인간관계가 좋아진다.

그렇지만 부탁하기 어렵다는 사람도 많을 것이다. 그런 사람은 아마 과거에 거절당한 경험이 트라우마가 된 것이라 생각한다. 부탁하면 무턱대고 거절하는 사람이 있고 그것을 신경 쓰는 사람이 있다. 그 때문에 이제 부탁하지 않겠다고 생각하는 것이다.

그럼 부탁을 들어주기 쉽게 만들려면 어떻게 해야 할까? 그러려면 시간대를 생각하는 것이 중요하다. 부탁이 통하기 쉬운 시간대와 부탁하면 안 되는 시간대를 파악하면 상대방이 거절하지 않고 선뜻 받아 줄 가능성이 높아진다.

여러 통계 데이터를 살펴보면 사람들이 '예'라고 말하기 쉬운 시간대는 정해져 있다. 많은 사람들이 생산성이 높아졌을 때는 부탁받는 것을 싫어한다. 집중해서 일이 순조롭게 진행되고 있을 때 부탁을 받으면 짜증이 난다.

그렇기 때문에 상대방이 집중하는 시간대는 피하자. 기본적으로 상대가 편안하고 또한 기분 좋아 보이는 때가 최고다.

여러 통계 자료에 따르면 대부분이 금요일 오후부터 생산성이 크게 떨어지고 이와 동시에 주말 휴일을 생각하면서 기분이 좋아진다. 즉, 부탁하기 쉬운 상황이라 할 수 있다. 이때 부탁하면 흔쾌히 수락할 확률이 높아진다.

반대로 절대로 부탁을 해서는 안 되는 때는 주초인 월요일이다. 대부분이 월요일 오전 중에는 기분이 가장 나쁘다. 일할 의욕도 나지 않고 생산성도 낮기 때문에 이때 부탁하는 것은 가장 좋지 않다.

업무 메일 등을 일부러 월요일에 보내는 사람이 있다. 하지만 이는 그만두는 편이 좋다. 금요일 중에 끝내 놓거나 화요일 이후에 보내는 편이 부탁을 들어줄 확률이 높다. 어려운 부탁은 예약하듯 부탁하면 잘 들어주는 것으로 알려져 있다.

이런 실험이 있다. 기부할 금액을 마음대로 설정하는 'Give more now'와 'Give more tomorrow'라는 두 가지 프로그램 중 하나를 선택하여 가입시킨 후 어떤 프로그램에 더 많은 기부금이 나오는지 알아보았다. 'Give more now'는 가입한 달부터 인출이 시작되고 'Give more tomorrow'는 3개월 후부터 인출이 시작된다.

결과를 보면 3개월 후에 인출이 시작되는 'Give more tomorrow'가 큰 금액이 기부되었다. 즉, 인간은 미래의 부탁에 관대해지는 편이다.

이는 모두 잘 알고 있을 것이다. 갑자기 "이번 주말에 만나자."고 하면 특별한 일정이 없어도 거절할 때가 있다. 하지만 "두 달 뒤에 밥 먹으러 가자."고 하면 선뜻 응한다. 두 달 뒤에도 지금처럼 바쁘고 시간은 비슷하게 중요한데 웬일인지 OK 한다.

따라서 어려운 일을 부탁할 때는 1개월 전에 부탁하자. 그 편이 상대방의 거부감을 줄일 수 있기 때문에 부탁이 받아들여지기 쉬워진다.

▌설득이 시간 낭비인 상대 알아차리기

일상 생활에서는 설득해야 하는 상황이 많다.

"이렇게 하는 게 좋아."

"이걸 더 이렇게 하면 좋겠어."

이렇듯 설득하지만 몇 번을 말해도 이해해 주지 않는 사람이 있다. 결국 몇 번을 설득해도 변하지 않아 마지막엔 자신이 뒷처리를 해야 했던 사람도 있을 것이다.

이럴 때 방법은 있는 것일까? 결론부터 말하면 설득할 수 없는 사람에게 들이는 시간은 최대한 줄이고 설득할 수 있는 사람에게 주력해야 한다. 설득이 시간 낭비인 사람은 포기하고 설득할 수 있는 사람들에게 시간을 들이는 것이 효과적이다.

미국에는 'Reddit'이라는 게시판 사이트가 있는데 거기에서는 다양한 논의가 오간다. 미국 코넬 대학교(Cornell

University)에서는 그곳에서 진행된 2년치의 논의와 토론을 모아 문서화한 후 어떠한 설득 방법이 의견을 바꾸기 쉬웠는지 연구했다.

그 결과 네 번 의견을 주고받았는데 설득하지 못했다면 상대방이 의견을 바꿀 가능성은 거의 없다는 것이 밝혀졌다. 네 번 설득을 시도해도 의견을 바꾸지 않는다면 단호히 포기하자.

반대로 네 번째까지 조금이라도 태도가 바뀌거나 이해하려는 조짐을 보인 사람은 설득을 기대할 수 있다. 그런 사람이 의견을 말했을 때 바로 대답하면 설득할 수 있는 가능성이 높아진다. 단 즉답할 수 있을 만큼 속도가 중요하며, 근거가 되는 정보가 파악되어 있지 않으면 설득은 어렵다고 할 수 있다.

또한 여럿이서 설득하는 것이 의견을 바꾸기 쉽다는 것이 밝혀졌다. 상사에게 생각을 바꿔 달라거나 냉정하게 생각을 바꾸었으면 좋겠다고 생각할 때는 여러 사람이 설득하는 편이 설득력이 올라간다.

아는 경영자 중에는 설득 중인 상대방이 고민하면 그 자리에 없는 사람에게 전화를 걸어 설득하게 하는 사람이 있다. 이는 즉흥적으로 여러 사람이 설득하는 것과 같다.

또한 상대방이 사용하는 단어와 다른 단어를 사용하면 상대방이 의견을 바꾸기 쉽다는 결과도 있다. 심리학의 세계에서는 상대방의 말이나 단어를 그대로 반복해서 사용하면 서로의 공통점을 찾을 수 있고 신뢰감을 쌓을 수 있다고 한다. 하지만 설득은 상대방과 다른 말을 사용하지 않으면 상대방이 자신의 의견을 고집하게 된다.

그리고 심한 말이나 엄격한 말로 몰아세우면 상대방이 벽을 더 단단히 만들고 감정적이 되어 이야기를 들어주지 않게 된다. 막다른 골목으로 몰아붙이면 대화가 되지 않기도 한다. 어쨌든 설득할 때는 온화한 말을 사용하는 편이 효과가 있다.

나는 의식적으로 예를 많이 사용한다. 예를 늘릴수록 상대방의 의견이 달라지기 쉽다는 것이 밝혀졌다. 긴 예를 말하기 위해서라도 짧고 간결하게 결론을 말하자.

예를 준비하고 거기에 이야기를 덧붙여 감정적인 단어나 구체적인 이름을 넣으면서 이야기하면 효과적이다. 그리고 예를 들어 설명한 후 다시 결론을 말한다. 결론을 말하고 예를 들어 설득력을 키우고 다시 결론을 말해 기억에 남게 한다. 예를 결론 사이에 끼우는 것이다.

설득을 할 때 딱 잘라 말하거나 단언하는 것은 리더 등이 1 대 다수를 상대할 때는 효과적이지만 1 대 1이나 1 대 소수를 설득할 때는 살짝 애매하게 말하는 것이 효과적이다.

'반드시 이렇다!'가 아니라 '이럴 수도 있다' 정도면 그럴 수도 있지 않을까 하는 생각이 든다. 즉, 애매한 쪽이 설득될 가능성이 있다. 의견으로는 약한 느낌이 들지만 톤이 부드러워져 받아들이기 쉽다.

또한 설득할 때 상대방을 이기려는 사람이 있는데 그것은 설득이 아니라 논파다. 설득하려면 상대가 받아들일 수 있도록 타협점을 준비해 두는 것이 중요하다.

그런데 한 번에 설득하기 어려운 상대를 알아보는 방법이 있다.

극단적인 말을 쓰는 사람은 설득하기 어렵다. '최악', '최고,' '틀림없다', '누구나', '절대로', '압도적으로'와 같은 단어를 사용하는 사람은 의견을 바꾸기 어렵다. 물론 자신의 콘셉트로 이런 말을 사용하는 사람은 다르지만 사소한 일에도 바로 "최고다!"라거나 "최악이다!"라고 말하는 사람은 사물을 표현하는 어휘가 적기 때문에 사고가 유연하지 못하다.

극단적인 언어를 사용하고 사용 어휘가 적은 사람은 설득하기 어렵기 때문에 4번 설득 후 안 되면 포기하자.

■ '고집 센 바보'를 무조건 부정하는 것은 금물

'바보도 잘만 하면 쓸모가 있다'는 말이 있듯 타인의 영향을 받기 쉬운 바보는 설득할 수 있지만 '고집이 센 바보'는 골칫거리다.

잘못된 것이나 잘못된 일을 하는 사람을 계속해서 믿거나 자신은 모든 것이 밝혀졌거나 자신이 말하는 것이 옳다고 믿는 사람은 어떻게 할 도리가 없다.

그 사람과 이해관계가 없으면 그냥 무시하는 것이 가장 좋지만 틀렸다는 점을 알리고 잘 대처하고 싶은 경우에는 어떻게 하면 좋을까?

미국 일리노이 대학교(University of Illinois)가 1994년부터 2015년에 연구한 것으로 잘못된 정보를 믿는 사람에게 틀렸다는 것을 깨닫게 하는 방법을 조사한 논문 중에서 질 높은 것을 모은 6,878명의 데이터로 메타 분석을 실시했다.

결론부터 말하면 남의 잘못된 생각을 완전히 수정하는 것은 거의 불가능했다.

예를 들어 참가자들에게 "현재 국가가 시행하고 있는 의료 개혁은 노인을 죽이기 위한 음모"라는 일반적으로 믿지 않을

만한 정보를 들려준 뒤 올바른 정보를 새롭게 알려주고 아무
런 근거 없는 틀린 내용이었다고 말해도 설득하는 것은 무리
였다.

여러 가지를 시험한 가운데 생각을 바로잡을 수 있는 가능
성이 조금이라도 있었던 것이 다음의 두 가지 기술이다.

❶ 상대방이 믿고 있는 가짜 정보의 자세한 내용을 반복하 지 않는다

얼마 전에 '동종요법'라는 게 유행한 적이 있다. 동종요법
이란 쉽게 말해 알레르기의 원인이 되는 물질을 희석해서 조
금씩 섭취해 몸을 적응시키려는 것이다.

이를 믿는 사람들을 설득할 때 그 근거로 삼는 부분을 파고
들어 논파하려 들기 쉽다. 하지만 잘못된 내용을 반복해서 말하
다 보면 상대방은 점점 더 완강해지고 그것을 고집하게 된다.

❷ 새로운 내용을 상세하게 전달한다

그렇다면 어떻게 전달하는 것이 좋을까? 새로운 정보를 자
세히 전달하면 효과가 있다는 것이 밝혀졌다.

예를 들면, 동종요법에는 근거가 되는 제대로 된 논문이 하

나도 없고 RCT(무작위대조시험)도 한 건 없다. 메타 분석도 이루어지지 않았으며 효과를 실증한 논문도 이미 뒤집어졌다는 설득 방법은 가능성이 있다.

즉 무조건 부정하는 것이 아니라 상대방이 믿고 있다는 것을 인정한 다음 그것이 바뀌고 있다는 최신 정보를 자세히 전달하면 설득으로 이어질 수 있다. 새로운 정보를 좀 더 찾아보라는 것만으로도 좋다.

어쨌든 상대방이 생각하는 것, 믿는 것과 상반되는 최신 정보, 상대방이 생각을 바꾸는 계기가 되는 정보를 많이 접하게 하는 것이 잘못된 생각을 가진 '고집 센 바보'를 설득하기 위한 유일한 방법이다.

또한 원래는 유전자 변형 식품에 관한 의견을 바탕으로 한 연구로 '더닝 크루거 효과(Dunning-Kruger effect)'라는 것이 있다. 쉽게 말해 바보일수록 '나는 똑똑하고 모든 것을 안다'고 믿는다.

〈지식의 착각; 왜 우리는 스스로 똑똑하다고 생각하는가(The Knowledge Illusion; Why We Never Think Alone, 스티븐 슬로먼(Steven Sloman)/필립 페른백(Pan Macmillan))이라는 책에 실린 필립 페른백의 논문과 콜로라도 대학교(University of Colorado)의 연구를 소개하겠다. 논문은 유전자 변형 식품에 반대하는 사람들이 어떤 사람들인지 조사한 것이다.

유전자 조작의 옳고 그름을 떠나 환경에 좋은 것은 확실하며 유전자 조작에 대해 새삼 논의하는 것은 과학적으로 무의미하다. 그런데도 왜 지금까지 유전자 조작을 비판하는지 조사한 것이다.

조사에서는 2,500명이 넘는 남녀에게 유전자 조작 식품에 대한 설문 조사와 함께 '대기중의 산소는 무엇으로부터 만들어졌는가?', '대기중의 산소와 질소의 비율은 어느 정도인가?' 라는 과학적인 기초 지식을 묻는 테스트를 실시했다.

그 결과 강하게 반대하는 사람일수록 객관적인 과학 지식이 부족한 것으로 나타났는데 이유는 모르겠지만 그중 많은 사람들은 '자신은 과학 지식에 밝다'고 주장한 것이다. 이렇게 근거 없이 반대하는 사람들에게는 두 가지 경향이 있었다.

❶ 스스로 올바른 정보를 찾지 않고 무시한다

올바른 정보가 있을지도 모른다는 것을 알고 있으면서 그것을 무시하려 한다. 자신에게 불리한 정보는 그것이 사실일지라도 모두 적극적으로 무시한다.

❷ 올바른 정보를 전달하면 부정적인 태도가 더 강해진다

이런 사람들에게 올바른 정보를 전달하면 근거 없이 부정하고 마지막에는 뻔뻔하게 나온다. 올바른 정보를 알릴수록 더욱 고집을 부린다.

이러한 경향은 문화 차이와 관계없이 나타나며 특히 최신 테크놀로지 분야 등에서 반론이 일어나기 쉽다.

'고집 센 바보'는 자신이 이미 알고 있다고 생각하기 때문에 새로운 것을 배우지 않는다. 그래서 이미 바뀌었거나 뒤집어져 편리해져도 그것을 인정할 수 없다.

이런 사람은 먼저 "나는 이미 알고 있기 때문에 배우지 않겠다."는 자세를 깨야 한다. 유일한 전략은 "나는 의외로 지식이 없을 수 있다. 이 사람은 정말 많은 것을 공부해서 알고 있구나."라고 생각하게 만들어 이야기를 듣고 싶은 마음이 들게 해야 한다.

유전자 조작에 대한 올바른 정보를 알고 싶다면 먼저 식품 또는 영양에 대한 지식을 다양하게 이야기한다. 이를 통해 상대방이 서서히 마음을 연 후에 유전자 조작에 대한 올바른 정보를 전달하면 제대로 들어준다.

"아직 문제는 있지만 인간을 대상으로 한 실험에서 유전자 조작 작물은 의외로 안전하다는 연구가 나오기 시작했어요."라고 말하면 "그렇군요. 그건 몰랐네요."라고 솔직하게 인정할 것이다.

즉, 이런 사람에게는 내가 더 많은 지식을 갖고 있다는 것을 보여주면 된다. 단 지적으로 보이려면 공부를 많이 해야 한다.

이렇게까지 성가신 사람과 어울리지 않아도 된다고 생각하는데, 사실 머리가 좋아 보이는 것만으로는 결과가 변하지 않는다. 지적으로 보이는지의 여부는 지식량보다 말하는 방법이 중요하다.

▮ 내로남불인 '애잔한 상대' 대처법

남을 깔보거나 자신이 대단하다는 식으로 나오면서 공격해 오는 상대는 꽤 성가시다. 하지만 그런 상대라도 위협이 될 수 없다는 것이 밝혀졌다면 쓸데없이 초조해하거나 감정적이 될 필요는 없다.

예를 들어 초등학교 저학년 정도의 아이가 "시험에서 100 점을 맞았기 때문에 나는 너보다 똑똑하다."는 말을 깔보듯 하며 공격해도 별로 화가 나지 않는다. 어른과 아이의 차이를 알고 있고 테스트에서 100점을 받는다는 것은 아이에게 있어 대단한 일이기 때문에 "굉장하다!", "머리가 좋구나. 나중에 무엇이 되고 싶니?"라고 칭찬할 것이다.

이와 마찬가지로 상대가 위협이 되지 않는다는 것이 밝혀졌다면 냉정하게 대처할 수 있다. 즉, 성가시게 구는 상대가 위협적이지 않고 애잔한 존재라는 것을 알면 아이를 달래는 듯한 감각으로 대할 수 있다.

아이와 이야기하는 것은 참고가 된다. 놀면서 "YouTube는 어떤 것을 보니?"라고 물어보면 미래를 알 수 있다. 왜냐하면 아이들의 솔직한 감각이 서서히 성장해서 미래가 형성되기 때문이다. 그래서 나는 경제평론가나 분석가의 예측을 보거나 성가신 어른들과 이야기하는 것보다 아이들과 이야기하는 것이 훨씬 공부가 된다고 생각한다.

그런데 이런 아이들과 달리 무작정 깔보듯 대하거나 공격하는 애잔한 사람들은 기본적으로 공부가 되지 않기 때문에 상대하지 않고 무시하는 것이 가장 좋다. 공격해서 쓰러트려도 된다고 생각하지만 솔직히 수고스러울 뿐 아무런 가치가 없다.

그런 이유로 상대방이 완전히 내 하수라는 것을 확인할 수 있는 세 가지 포인트를 소개한다.

❶ 목소리가 큰 소수파

현실 세계에서나 인터넷에서나 내로남불로 불평하거나 깔보는 듯 말하는 사람들은 기본적으로 목소리가 큰 소수파일 가능성이 높다.

예를 들어 회의에서 자신의 의견이 맞는 것처럼 큰 소리로 주장한다. 주변에서는 늘 그렇듯 방치하는데 혼자만 큰 소리로 주장하니까 어느새 그 사람 의견이 맞는 것 같은 분위기가 형성된다. 단지 목소리가 클 뿐인데 그 주장이 옳은 것 같은 인상을 주게 된다.

비즈니스 세계에서는 사이코패스가 성공한다는 이야기가 있는데 이는 사이코패스가 능력이 좋거나 리더십이 뛰어나서가 아니라 그냥 목소리가 크고 눈에 띄기 때문이다. 튀니까 모두의 주목을 받고 어느새 거기에 권력이 집중되는 것이다.

하지만 이런 사람은 남의 의견을 듣지 않기 때문에 주변 의견이 모아질 리 없고 매우 독단적이다. 모두 그 사람이 짜증난다는 것을 알고 있기 때문에 굳이 그런 사람에게 의견을 제시할 필요가 없다.

이는 인터넷에서도 똑같이 일어나는 현상이다. 비방 댓글이나 안티와 관련된 사람은 전체 네티즌의 불과 0.47%라고 한다. 즉, 수적으로도 극히 미미하고 존재의 의미로도 불필요한 소수파에 지나지 않다.

내 경우 비방 댓글이 쇄도할 때 자신의 영상 서비스 가입자 수 등을 보며 지지하는 사람들의 데이터를 확인한다. 이를 통해 안티가 크게 말해도 자신의 의견을 제대로 말하는 편이 숫자가 늘어난다는 것을 알 수 있다.

반대로 말하면 (물론 지나친 것은 위험하지만) 비방 댓글이 쇄도할 정도로 사람들의 마음에 남는 말을 하지 않으면 지지를 모을 수 없다. 누구에게도 비판받지 않는 의견은 매력이 없기 때문에 이 '목소리가 큰 소수파'를 기억하며 자신감을 갖길 바란다. 알고만 있다면 두려워할 필요가 없다.

❷ 책임을 회피하는 일반론자

자신의 발언이 옳다고 생각한다면 그 논거를 제시하거나 주장을 정정당당하게 말하면 된다.

"그건 상식적으로 생각했을 때 아닌 거 같은데?"

"사회인으로서 그건 아닌 거 같아."

그런데 꼭 이렇게 공격하는 사람이 있다.

나 같은 경우 "영향력 있는 사람으로서 문제가 되는 것은 아닐까?"라는 말을 많이 듣는다. 그런 사람에게는 이렇게 묻는다.

"당신은 자신의 삶과 경험을 바탕으로 나에게 문제가 있다고 말하는 건가요?"

그러면 대부분 다음과 같이 답한다.

"그런 뜻이 아니라 일반론으로서……"

즉, 그들은 스스로 책임지고 싶지 않다. 자신이 책임져야 할 발언은 하고 싶지 않은 것이다. 항상 상식이나 사회라는 애매한 것을 들어 도망갈 길을 마련하는 '책임 회피의 일반론자'라고 할 수 있다.

그러므로 '데이터나 통계는 이렇다', '이런 결과를 통해 내 말이 옳다는 것이 증명되었다' 등 반격을 당하면 '어디까지나 일반론을 말했을 뿐'이라고 한발 물러선다.

이것은 인터넷상에서도 마찬가지다. 비판적으로 말하거나 공격하는 사람은 자신이 책임져야 할 말은 하지 않는다. 언제나 상식이나 규정, 규칙 등 애매한 것을 방패 삼아 발언한다. 물론 상식이나 사회의 규칙을 들어도 상관없지만 자신의 의견이 들어 있지 않다면 자신은 안전지대에 두고 남을 공격하는 것에 불과하다.

이런 사람이 주변에 있을 것이다. "그건 당신의 판단입니까?"라고 질문하면 그런 뜻이 아니라며 도망가는 사람들 말이다.

책임을 지는 것에서 벗어나려는 것뿐이기에 그 시점에서 두려워할 필요가 없는 상대라고 할 수 있다. 일반론을 들거나 자신에게 책임이 오지 않도록 발언하는 사람은 기본적으로 약하기 때문에 '상식적으로'라는 말을 쓴다면 신경 쓸 필요가 없다.

"나이도 많으니 이제 결혼해야 하지 않을까?", "손자 얼굴이 슬슬 보고 싶다."고 말하는 부모나 친척들도 마찬가지다. 일반적으로 보면 주변이 그렇기 때문일 뿐 그들의 인생과는 무관한 일이다. 이런 사람을 만났을 때는 '책임 회피의 일반론자'를 생각하자.

단, 무서운 것은 자신이 옳다는 신념이 있고 근거를 가지고 맞서 오는 사람이다. 이런 사람은 스스로 세밀하게 조사하고 의견을 말하기 때문에 주의가 필요하다.

❸ 일하지 않는 현실 도피 환자

사람은 현실과 마주하는 것을 가장 힘들어 한다. 그래서 누구나 현실을 도피하거나 현실과 마주할 수 없을 때가 있다. 미래에 대한 불안이나 걱정으로 짓눌릴 것 같을 때도 있지만 그것은 자신의 현실과 제대로 마주하고 있기 때문이다.

하지만 이런 것이 지나치면 현실에서 도피하기 위해 내로 남불로 타인을 공격하곤 한다. 일하지 않는 자신이나 인생을 개선하겠다는 의지 없이 남을 비판하고 잘난 체하며 스스로는 아무것도 할 수 없는 그저 평론가가 되는 것이다. 남을 비판하려 할 때는 자신의 가슴에 손을 얹고 '잠깐, 기다려. 나도 이런 것을 하려고 하네.'라고 생각하자.

내 경우 남이 지각하는 것에 매우 관대하다. 약속한 상대가 두 시간 늦는다 해도 책을 읽기 때문에 아무런 불평을 하지 않는다. 이는 나 자신도 시간을 잘 못 지키고 자주 늦기 때문이다.

자신을 마주할 수 있는 사람은 나약함을 이해할 수 있어 상대방의 괴로움, 어려움도 이해할 수 있다. 그런데 현실 도피 중인 사람은 그걸 모른다. 자신을 보고 있지 않기 때문에 아무렇지도 않게 내로남불로 남에 대해 불평한다.

자신의 약한 부분이나 아쉬운 부분은 제쳐두면 일도 할 수 없게 된다.

보통은 일을 하다 보면 사무 처리 능력이 부족하다, 계산 능력이 부족하다, 인맥이 없고 협상력이 부족하다, 의사소통 능력이 낮다, 외향적일 필요가 있다 등 부족한 부분을 깨닫게 된다. 열심히 일과 마주하는 사람일수록 자신에게 부족한 점과 잘하는 점이 보인다.

현실과 마주할수록 괴로울 수 있지만 그 속에서 반드시 깨닫게 되는 것이 있다. 내게 없는 것이나 내게는 없지만 상대방에게 있는 것이 보이기 때문에 비판한다고 해도 내로남불로 그냥 공격하지 않는다.

하지만 무조건 비판하는 것이 내로남불인 사람의 특징이니 잘 기억해두자.

깔보는 듯한 태도의 짜증나는 상대가 나타났을 때는 앞서 소개한 세 가지 포인트를 기억하자. 짜증은 나지만 막다른 곳에 몰렸다는 느낌은 사라지고 대범하게 대응할 수 있게 된다.

제 3 장

직장에서 받는 상처와 고민은
이제 안녕!

상사가 당신을 눈엣가시로 여기는 진짜 이유

상사에게 부당한 대우를 받았거나 눈엣가시로 여겨진 적이 있는가? 그럴 때 대부분 원인을 상사의 성격에서 찾기 쉽다. 하지만 사실은 그렇지 않고 그 상사와 대치했을 때 어떤 인상을 주느냐가 상당한 영향을 미친다.

먼저 상사가 어떤 인간을 싫어하는지를 이해하자. 그리고 상사가 싫어하는 유형에 들어가지 않는다는 것을 알리는 방법을 조금만 생각해보자.

예를 들어 상사가 싫어하는 유형은 능력이 있고 차가운 유형이라고 하자. 그렇다면 붙임성이 별로 없고 능력 있는 사람은 상사가 볼 때 화가 나는 것이다. 이런 유형보다 일은 썩 잘하지 못해도 붙임성이 있는 사람을 선호한다. 물론 능력도 있고 붙임성도 좋은 사람을 가장 좋아한다.

유능하다는 평가를 받기 위해 열심히 일해도 차가운 사람이라는 생각이 들면 상사가 눈엣가시로 여길 가능성이 높아진다.

그렇다면 어떻게 하면 좋을까? 많은 사람들이 상사에게 인정을 받기 위해 자신에게 능력이 있다는 것을 열심히 보여주려 한다. 하지만 이는 꽤 위험한 행위다. 왜냐하면 소탈하고 상냉하고 인간미 있다는 인상을 주기 전에 유능함을 보이면 능력은 있지만 차가운 사람이라 여겨지기 때문이다.

그러면 아무리 노력해도 제대로 평가받지 못하고 상사에게 눈엣가시 취급을 받게 된다. 누구나 당연히 자신이 한 일을 제대로 평가받고 싶을 것이다. 그렇다면 유능함보다 먼저 인간미를 보여줄 필요가 있다는 것이 연구를 통해 밝혀졌다.

그런데 단순히 따뜻한 사람이라는 것을 각인시킨 후 유능함을 보여주려 해도 잘 되지 않는다. 사실 따뜻하면서 유능하고 일 잘하는 사람이라는 인상은 양립하지 않는다고 알려져 있다.

예를 들어 여성의 경우 다음과 같은 고정관념이 존재한다.

- 따뜻한 여성 = 일을 잘 못함
- 유능한 여성 = 따뜻함이 부족함

따라서 따뜻함을 내세우면 일을 잘 못한다는 인상을 주게 된다. 이렇듯 상반된 고정관념이 다양하게 존재하여 이를 이해하지 않으면 무척 손해를 볼 수 있다.

이는 원래 인간이 가진 '보상 효과'라는 편견에 의한 것이다. 예를 들어 실제로는 전혀 관계가 없는데 아이가 있는 여성은 아이가 없는 여성에 비해 따뜻하지만 유능하지 않다는 인상을 주기 쉽다. 그런데 아이가 있는 남성은 따뜻함과 함께 왠지 유능하다는 인상을 받는다.

일을 할 때 유능함은 당연히 중요하지만 따뜻함이 왜 필요한지 생각해 보자. 무능하고 차가운 사람보다 유능하고 차가운 사람이 더 무섭다고 생각되지 않는가? 적이라 생각했을 때 머리가 나쁘면 아무렇지도 않지만 머리가 좋은 적은 매우 무서운 법이다.

즉, 믿을 수 있는 존재라는 점을 제대로 전하지 않으면 유능할수록 무서운 적이 된다. 그렇기 때문에 차갑고 유능한 사람이라는 생각이 들면 상사가 눈엣가시로 여기는 것이다.

그래서 따뜻함은 '당신의 적이 아니다. 당신에게 해를 끼치지 않는다.'라는 안정감을 주기 위해 필요하다. 유능함과 함께 안정감을 주는 것이 중요하다.

심리학자 폴 로진(Paul Rozin)은 유능함과 따뜻함은 양립할 수 없기 때문에 따뜻함 대신 상대방에게 안정감을 줄 수 있는 요소가 무엇인지 조사했고, 그것은 바로 도덕적 행동이었다. 즉, 다른 사람에게 해를 입히거나 나쁜 일을 하는 사람이 아니라 도덕적으로 올바른 일을 하는 사람이라고 생각하게 만들어야 한다는 것이다. 이는 유능함과 양립한다.

예를 들어 상냥하기만 한 정치인은 리더십이 떨어진다는 인상을 주지만 정의감에 불타고 도덕적으로 옳은 행동을 하는 정치인은 유능할수록 지지를 받는다.

그래서 따뜻한 사람이라기보다는 도덕적으로 행동한다는 것을 각인시켜 상대방에게 도덕적으로 올바른 인간이라는 생각을 심어주자. 자신을 이유 없이 공격하지 않는다고 생각하면 유능함에 견제할 일이 없다.

봉사 활동이나 기부를 하거나 세상이나 남을 위해 활동하고 있다는 사실이 자연스럽게 주변에 전해지도록 하거나 동료와 함께 외출했을 때 길을 잃은 사람에게 친절하게 말을 거는 등 도덕적으로 행동하자.

상사에게 아부하는 것이 아니라 도덕적으로 행동하면 된다. 그러면 믿을 수 있다는 인상을 주고 유능함 또한 인정받으면 상사에게 올바른 평가를 받을 수 있다.

남에게 친절을 베푸는 것은 매우 중요하다. 바쁜 사람일수록 남에게 친절을 베풀자. 그 편이 실제로 일이 빠르게 진행된다는 것이 밝혀졌다.

누구나 시간이 없어 초조함을 느끼면 일이 진척되지 않는다. 시간이 없다는 초조함 때문에 실제로는 시간이 있었는데도 눈 깜짝할 사이에 시간이 없어진 경험을 해봤을 것이다. 사람은 초조함을 느끼면 효율성이 떨어지고 끝나야 할 일도 끝나지 않는다.

시간에 대한 초조함을 없애려면 타인에게 친절히 대해야 한다. 신기하게도 일을 완료할 시간이 없어서 패닉에 빠졌을 때 일부러 남에게 친절을 베풀면 뇌가 냉정을 되찾아 의외로 시간이 있다고 착각한다. 그러면 초조함이 사라지고 일이 진행되어 시간이 남기도 한다.

즉, 직장에서 친절하게 행동하면 상사로부터 올바른 평가를 받을 수도 있고 효율성도 높여 자신의 시간을 확보할 수도 있다. 그러니 친절하게 행동하자.

참고로 사람은 상대방이 '나는 따뜻한 사람이야.' 혹은 '좋은 사람이야.'라고 전하려는지 아니면 유능함을 전하려는지 말투만으로 간파할 수 있다. 이를 알고 있으면 상대를 칭찬할 때나 어떻게 마주하면 좋을지 생각할 때 도움이 된다.

예를 들면 인간적이고 따뜻한 사람이라는 것을 말하고 싶은 사람, 그런 감정적인 부분을 인정받고 싶은 사람은 다른 사람을 칭찬하는 것으로 상대방에게도 그런 말을 들으려 한다. 자신을 따뜻한 사람이라 생각해주길 원하기에 남을 칭찬하여 상대방에 그런 말을 끌어내려는 것이다.

이런 유형은 과거의 행동에서 좋은 평가를 받거나 주변 사람에게 칭찬을 받으면 무척 만족한다.

반면 유능하다는 것을 전하고 싶은 사람은 남의 이야기를 듣는 것보다 자신의 이야기를 하려 한다. 자신이 이룬 일이나 능력, 지식의 깊이를 보여주려고 열심히 말하거나 남의 의견에 이의를 제기한다. 이런 사람은 착안점이나 유능함을 칭찬해주면 매우 만족한다.

일단 말해두지만 정말로 유능한 사람은 이렇게 행동하지 않는다. 따뜻함과 신뢰감을 각인시키는 편이 자신에게 도움이 된다는 것을 이해하고 있기 때문에 상대방을 칭찬하거나 이야기를 끌어내려고 한다.

이러한 사실을 이해한 후 상사를 대하면 좋을 것이다. 상사가 자신은 유능하다는 점을 전하고 싶어하는 유형과 같이 행동하면 "역시 대단하십니다!"라고 치켜세우면 제어하기 쉬워질 것이다.

자신도 모르게
정신 건강이 망가지는 업무 방식

일부러 스트레스를 주려는 듯 소통하는 사람이 있다. 일부러 빈정거리거나 열심히 일하고 있는 데 방해하는 말을 하거나 함부로 깔보는 듯 대한다.

이러한 사람에게 스트레스를 받아 우울해지기 쉬운 사람은 어떤 행동을 하고 있을까? 호주 태즈메이니아 대학교(University of Tasmania)에서는 일하는 동안 하기 쉬운 정신 건강에 좋지 않은 행동을 조사했다.

정신이 망가지기 쉬운 업무 중의 행동은 바로 '앉는' 행위였다. 원래 앉는 것의 위험성은 여러 연구자가 지적하고 있다. 예를 들어 앉아 있는 시간이 길어질수록 당뇨병이나 심장병, 비만이 될 확률이 높아지는 것으로 알려졌다. 또한 사망률이 매우 높아진다.

그래서 건강을 위해 1시간에 1번 정도는 5분 이상 걷는 것이 좋다. 나 같은 경우 스텝퍼를 밟으면서 서서 사용하는 책상에서 일한다. 꼭 앉아서 일해야 하는 사람은 사이클 머신 등을 발 밑에 두면 좋을 것이다.

머~~~~엉!

　사실 너무 오래 앉아 있으면 몸뿐만 아니라 정신 건강에도
좋지 않다. 태즈메이니아 대학교는 3,367명의 사무실 근로자
의 협력을 받아 4주간의 활동 기록을 모았다.

　결과를 보면 평소 운동이나 레저에 사용하는 시간, 일에 대
한 만족도나 직장의 인간관계와 같은 요소를 생략하더라도 의
자에 앉아 있는 시간이 길어질수록 정신 건강이 악화되는 것
으로 확인됐다.

　구체적으로는 우울증이나 불안신경증에 가까운 증상은 하

루에 3시간 넘게 앉아 있으면 나타나기 시작하고 6시간을 넘어서면 정신 건강이 무너진다. 반대로 앉아서 일해야 하는 사람도 앉아 있는 시간이 하루 총 3시간을 밑돌면 정신 건강에 영향을 주지 않는다는 것이 밝혀졌다.

덧붙여 남성보다 여성이 앉아서 일하는 시간이 길어졌을 때 단점이 크고, 남성보다 앉아 있는 시간이 짧아도 정신 건강이 나빠지기 쉬웠다.

앉아서 일하면서 생기는 신체적 결점은 운동으로 막을 수 있다는 것이 과거의 연구를 통해 밝혀졌지만 우울증이나 불안 신경증은 운동 습관과는 관계가 없었다.

매일 정기적으로 운동하거나 레저 시간을 제대로 확보해도 앉아서 3시간 넘게 일하면 증상이 나타나기 시작하여 6시간이 넘으면 정신 건강에 문제가 생기기 쉽다.

즉, 앉아 있는 시간이 길면 정신 건강에 악영향이 생긴다. 먼저 자신이 얼마나 앉아서 일하는지 파악하고 6시간이 넘는다면 가끔씩 일어나 걷는 등 앉아 있는 시간을 줄이도록 하자.

현재 직장을
4주 만에 일하기 좋게 바꾸는 방법

현 직장에서는 아무래도 일하기 어렵다고 생각하는 사람이 꽤 많을 것이다. 환경이 나쁘다, 대우가 나쁘다, 성가신 상사가 있다, 적응이 안 된다……. 그래서 이직하는 사람도 있는데 이직해서도 일하기 어려운 경우는 자신에게도 문제가 있을 수 있다.

그렇다고 성격을 바꾸자니 어떻게 해야 할지 모르겠고 어떻게 하면 직장에 적응할 수 있을지 모르는 사람도 있을 것이다.

일하기 어려운 직장을 심리학적으로 일하기 좋은 직장으로 바꾸는 방법이 있다. 이 방법은 따로 조직 구조를 바꿀 필요가 없다. 어떤 특정 행동만 해도 바꿀 수 있는 매우 간단한 방법이니 꼭 실천해 보자.

그것은 바로 '싫어하는 동료들에게도 친절하게 대하자!'는 것이다.

최근 친절과 관련된 연구가 증가하고 있는데 예를 들어 상대방이 누구든 친절을 베풀면 호르몬이 균형을 이루고 행복감이 커지고 불면증이 개선되며 시간에 대한 초조함이 사라지는 등 정신 건강에 효과가 좋은 것으로 알려졌다. 즉, 친절은 자신을 위한 것이다.

단, 많은 연구가 실험실 안에서 이루어졌기 때문에 실제 조직에 효과가 있는지 의문시되었다. 그래서 미국 캘리포니아 대학교(University of California)는 코카콜라 직원을 대상으로 실험을 실시했다.

연구 내용이나 목적을 구체적으로 전달하지 않고 일주일에 한 번 정도 특정 사항을 기록하게 했다. 지금 어떤 감정을 느끼는지, 행복한지, 즐거운지, 짜증이 나는지, 그 주에 좋은 일 또는 나쁜 일이 있었는지 등 긍정적인 체험과 부정적인 체험을 함께 적게 했다. 그리고 일에 대한 만족도를 물었다.

4주간 이를 실시했는데 그동안 대상 직원을 은밀하게 절반으로 나누고 절반의 직원에게는 동료들을 의식적으로 친절하게 대해 달라고 요청했다. 나머지 절반은 아무 요청 없이 평소처럼 지내라고 했다.

참고로 여기서 말하는 친절이란 부담을 느낄 정도의 것이 아니라, 예를 들어 음료수를 사러 갈 때 옆 사람 것도 함께 사오거나 "저번에 고마웠어." 등 감사를 말과 문자로 전하는 수준이었다.

그 결과 친절하게 대한 쪽이나 그 반대쪽이나 '자주성'이 높아졌다. 이는 쉽게 말하면 '나는 일을 잘할 수 있다'는 일에 대한 자신감 같은 것이다. 게다가 친절하게 대한 쪽은 삶과 일에 대한 만족도가 높아졌고 정신적으로 힘들어 하는 빈도가 적어졌다.

즉, 친절하게 대하는 상대가 자신이 좋아하는 사람이든 싫어하는 사람이든 자기 자신이 얻는 이점은 변하지 않았다. 친절하게 대하면 일에 자신감이 생겨 삶과 일에 대한 만족도가 높아져 우울해지지 않기 때문에 친절을 베푸는 것은 자신에게 무척 도움이 된다고 할 수 있다. 따라서 부담스럽지 않을 정도로 친절을 베푸는 것이 상당히 중요하다.

이 연구에서는 남이 나에게 친절하게 대한 경우 이후 반대로 친절을 베풀 가능성이 3배나 높아진 것으로 나타났다. 이는 그 사람이 자기한테 좋은 사람이든 나쁜 사람이든 성격이 좋든 나쁘든 변하지 않았다. 친절이 전염되는 것이다. 처음에 친절하게 대한 사람은 그 반대인 사람보다 심리적으로 큰 이점을 얻을 수 있어 '친절은 남을 위한 것이 아니다'라고 할 수 있다.

또한 조직을 바꾸는 데도 도움이 된다. 주변에서 친절하게 대해주지 않는다 혹은 환경이 나쁘다고 하기 전에 주변에 부담이 되지 않는 정도로 친절함을 베풀어 보자.

단, 착각하지 않았으면 하는 것은 친절은 스스로 제어하는 것이기 때문에 부탁을 받았을 때 싫을 경우에는 거절하는 것도 필요하다. 먼저 '아니요'라고 말할 수 있는 힘을 기르는 것이 매우 중요하다.

친절은 자신에게 부담이 되지 않는 선에서 베풀어야 한다. 타인에 의한 친절은 의무가 되기 때문에 자신의 정신 건강에 도움이 되지 않고 부담만 된다.

'호기심'으로 해결 가능한
직장의 문제

일과 관련된 고민이나 스트레스의 대부분은 인간관계와 관련된 것이라고 할 수 있다. 2018년 하버드 비즈니스 스쿨의 프란체스카 지노(Francesca Gino) 박사의 연구를 통해 특정 능력 하나만 단련해도 인간관계나 소통 문제를 해결하기 쉽다는 것이 밝혀졌다.

참고로 이 능력은 소통에 관한 것이 아니다. 따라서 말하는 것이 어렵거나 겉치레 인사에 서툴거나 회식에 가고 싶지 않은 사람이 유용하게 사용할 수 있다.

프란체스카 지노 박사가 조사한 능력은 '호기심'이다. 참고로 호기심은 내가 가장 소중히 하는 가치관 중 하나다.

호기심은 인생에서 싸워나가기 위해 필요한 힘 중 하나이며 호기심을 단련할수록 다양한 능력을 기를 수 있다. 그런 호기심이 가져다주는 장점 중에서도 특히 인간관계에 도움이 되는 것을 소개한다.

❶ 판단 시 실수가 줄어든다

연구에 따르면 인간은 호기심이 높아졌을 때 선입견의 영향을 받기 어려운 것으로 나타났다. 호기심을 발휘하고 있을 때는 다각도로 사물을 보려고 하기 때문에 선입견의 영향을 받기 어려워 판단 시 실수가 줄어든다.

인간관계에 있어서도 선입견 때문에 생기는 문제가 많다. '저 사람은 이런 사람이니까' 혹은 '이런 사람은 어차피 ○○니까'라고 생각하기 쉬운데 호기심이 강한 사람은 매번 다르게 생각한다. 그래서 선입견에 좌우되지 않고 소통 시 실패도 적어지는 것이다.

❷ 혁신할 확률이 높아진다

호기심을 단련하면 문제가 생겼을 때 그 문제를 적극적으로 해결하려는 능력이 높아지기 때문에 생각지 못한 발견을 하거나 새로운 해결책을 만들어 낼 수 있다.

호기심이 문제 돌파력을 높여 주기 때문에 자신감이 생기고 자신의 의견을 분명히 말할 수 있게 된다. 뿐만 아니라 상대방의 의견을 참고 들으며 스트레스를 받는 일도 사라진다.

이 연구는 200여 명을 상대로 4주 동안 진행되었다. 참가자들을 두 그룹으로 나눠서 한쪽에는 매일 호기심을 불러일으킬 만한 메시지를 보냈고 다른 쪽에는 특별히 호기심을 불러일으키지 않는 사무적인 메시지를 보냈다.

그러자 단순한 문자 메시지임에도 불구하고 호기심을 불러일으킬 만한 내용을 보낸 그룹은 일상생활에서 호기심을 발휘하게 되었고 그 결과 문제를 해결하는 능력이 높아지는 것으로 나타났다.

일하면서 여러 문제를 안고 있는 사람은 일을 생각하는 것조차 싫다고 할지도 모른다. 하지만 처음만이라도 좋으니 열심히 호기심을 발휘해 보자. 문제가 원활하게 해결되어 가는 것을 실감할 수 있을 것이다.

문제가 해결되면 즐거워진다. 예를 들어 청소하기 전에는 귀찮아 하다가도 막상 시작해서 방이 깨끗해지면 어느새 동기가 부여돼 정신을 차리고 보면 다른 방이나 청소할 필요가 없는 곳까지 청소하는 때가 있다.

이런 비슷한 상황이 일에서도 발휘된다면 큰 성과로 이어질 것이다. 문제 해결 능력이 높아져 새로운 해결 방법을 찾을 수 있어 혁신할 가능성도 높아진다.

일뿐만 아니라 평소 생활이나 인생에 있어서도 혁신이 일어나면 계속 안고 있던 문제나 스스로 해결할 수 없다고 생각했던 문제를 해결할 수 있을지 모른다.

예를 들어 소통에 서툴거나 애인이 몇 년간 없던 사람도 호기심을 단련하면 새로운 각도에서 사물을 볼 수 있어 자신의 새로운 가능성을 깨닫게 될 수 있다. 그런 의미에서 문제를 안고 있는 사람은 호기심을 키워야 한다고 과학적으로 말할 수 있는 것이다.

❸ 사내 대립이 줄어든다

호기심을 단련하면 사내 대립이 줄어든다는 사실도 연구를 통해 밝혀졌다. 거래처와의 자리에서 자신의 입장뿐만 아니라

고객이나 남들이 어떻게 생각할 것인지까지 생각이 미치게 된다고 한다.

호기심이 너무 넘쳐 아이처럼 늘 "뭐야? 왜?"라고 질문하는 사람이 있으면 짜증이 나지만 사실은 호기심이 있는 사람이 남의 입장에서 사물을 추정하기 쉽다.

호기심이 타인의 입장에서 생각하는 능력을 높여 주기 때문에 자신의 입장만 집착하는 일이 사라진다. 상대방의 사고방식도 이해할 수 있고 불필요한 문제나 사내 대립도 줄어 결과적으로 편하게 일을 할 수 있게 된다. 호기심은 상대의 심리 상태를 추정하는 데 있어서도 중요하기 때문에 교섭도 잘 진행할 수 있게 될 것이다.

❹ 소통이 원활해진다

호기심이 강한 사람이 원활하게 소통할 수 있는 것으로 알려졌다. 상대방의 입장에 설 수 있을 뿐만 아니라 정보를 공유할 가능성이 높다고 알려졌다. 프란체스카 지노 박사의 연구에서는 조직이나 팀의 정상에 설 사람들을 육성하는 리더십 프로그램을 통해 일부 그룹의 사람들을 대상으로 호기심을 키우는 훈련을 실시했다. 그 결과 호기심을 단련시킨 사람들은 그렇지 않은 사람들에 비해 정보를 공유하게 되었다.

특별히 의식한 것이 아닌데도 자신의 생각이나 새로운 정보를 조직이나 팀에 적극적으로 알렸고 그 결과 조직과 팀 자체의 성과가 향상되었다. 주변 사람들의 의견을 잘 듣고 주변 사람들도 그에 자극을 받아 남의 의견을 잘 듣게 되었다.

따라서 직장에서 남의 의견을 듣지 않는 사람이나 자신의 의견만 관철하려는 사람이 있을 경우 자기 나름대로 호기심을 발휘하면 그 사람들도 자극을 받아 남의 이야기를 듣게 될 수 있다. 원활하게 소통하고 인간관계의 번거로움을 없앤다는 의미에서도 호기심은 매우 중요하다.

그렇다면 호기심이 사라지면 어떻게 될까? 이 네 가지 장점이 모두 반대가 된다고 보면 된다.

선입견에 지배되어 문제를 외면하면 문제가 더 커져간다. 자기 생각만 하는 사람들만 모여 남의 의견을 듣지 않는 상황이 벌어진다.

그런 회사에서 일하는 사람은 호기심을 발휘하면 상황이 확실히 호전된다. 또한 주변이 변하지 않더라도 호기심이 강한 사람은 출세하기 쉽고 능력도 좋아지기 때문에 이직이라는 선택도 가능해진다.

직장에서 인간관계의 실수를 줄이기 위해
내 편을 만드는 방법

직장 내 인간관계에서 실수하지 않는 방법으로 자기편을 만드는 것은 매우 중요하다. 반대로 말하면 자기편에 서지 않을 것 같은 사람과는 관계를 맺지 않는 것이 중요한데 실제로 이를 판별하는 방법을 먼저 소개하겠다.

내 편이 되어줄 수 있는지 아닌지를 판별하는 방법은 기본적으로 3번이라 기억하자.

'3세트 이론'으로 3번 대화를 나누고 3번 밥 먹으러 가고 3번 친하게 지내기 위해 시도했는데 안 된다면 '내 편이 되지 않을 것'이니 단념하고 다른 사람과 관계를 구축하는 게 낫다. 왜냐하면 3번 만나면 대부분 그 사람의 이미지가 고정되기 때문이다.

또한 신규 고객과 대화 시 실수했을 때 자신의 인상을 바꾸려고 노력하는 사람이 있는데 상대방이 매우 중요한 사람이거나 자신의 출세나 인간관계에 있어서 절대적으로 필요한 사람이 아니라면 포기하는 편이 좋다고 심리학자는 말한다.

교토 대학교(京都大学)의 연구에서 한 번 생긴 나쁜 이미지를 바꾸는 노력과 새로운 사람을 만나 친해지는 노력 중 어느 쪽이 효율적인지 조사한 결과 새로운 관계를 맺는 것이 효율적이라는 것이 밝혀졌다.

물론 미움을 받게 되었거나 '잘못했다'고 생각했을 때는 제대로 사과하자. 그리고 새로운 인간관계를 맺는 것이 포인트다. 그렇지 않으면 적만 늘어나기 때문에 위험하다.

그리고 '나는 이런 인간이다'라고 자신을 알리고 사적인 이야기를 할수록 공개의 답례(되갚고 싶다는 심리)가 작동하여 상대방도 이야기하게 되어 인간관계가 깊어진다. 단 이렇게 자신에 대해 이야기하지 못하면 표면적인 관계가 되거나 중요한 때 내 편이 되어 주지 않는 일이 생긴다.

친해지고 싶다면 둘이서만 만나자. 왜냐하면 둘만 있을 때 속내를 말하기 쉽다는 사실이 연구를 통해 밝혀졌기 때문이다. 친해지고 싶은 사람과 점심을 같이 먹거나 영업을 나갈 때 따라가는 등 둘이서만 만날 기회를 만든다.

▌직장에서 인간관계가 피곤해지는 진짜 이유

기본적으로 인간관계는 좋은 것이다. 친구 등과의 좋은 관계는 수명을 늘려주고 동기를 부여하며 성공을 부르고 문제가 발생할 위험을 줄여주는 등 장점밖에 없다.

하지만 직장이나 업무상의 인간관계는 피곤하다는 사람이 많다. 이런 차이는 어디에서 오는 걸까? 그 정체는 죄책감이다.

캐나다 토론토 대학교(University of Toronto)에서 306명을 대상으로 실험한 결과 직장에서 인맥과 인간관계를 만들어 갈 때 정신 건강을 해칠 수 있는 가능성이 시사되었다.

실험에서는 참가자가 있는 그룹에게 좋은 일을 얻기 위해 또는 돈이 될 것 같다는 흑심을 갖고 인맥 만들기를 떠올려 달라고 했다. 그러자 흑심 그대로 인맥 만들기를 떠올린 그룹은 그렇지 않은 그룹에 비해 2배나 강하게 죄책감을 느꼈다.

구체적으로 말하면 교활한 행동을 한 것 같거나 더러운 짓을 하고 있는 듯한 감각, 자신을 더럽고 싫은 인간이라고 생각하는 느낌이 두 배로 치솟은 것이다. 요컨대 죄책감이 들었다는 거다.

죄책감을 느끼면 대부분이 스트레스를 받는다. 일을 위해 관계를 맺거나 돈 때문에 어떤 사람과 사귄다고 생각하면 싫은 느낌이 든다. 이는 보통 사람이 도덕적이기 때문이다. 도덕적이라 죄책감을 느끼면 인간관계가 귀찮아진다.

새로운 인간관계를 만들려고 해도 죄책감이 생겨 싫은 생각이 들고 겁이 난다. 머지않아 인맥을 잃고 압박과 스트레스로 업무 성과까지 떨어지는 것이 시사되었다. 즉, 흑심이 있는 상태에서 남과 사귀려 하면 정신 건강에 해로워 성과까지 떨어지게 된다.

그렇지만 인맥 만들기는 일하는 데 있어 효과적이다. 같은 연구에는 165명의 변호사 데이터도 있는데 적극적으로 인맥을 쌓는 사람이 더 부자가 되고 수입이 커져 유명한 변호사일수록 죄책감을 덜 느낀다는 결과가 나왔다.

죄책감을 느끼지 않는 관계로 만날 수 있는 인맥은 점점 넓히는 것이 좋다. 아니면 약간 사이코패스성이 있어 흑심을 갖고 인맥을 만들어도 죄책감을 느끼지 않는다면 돈을 크게 벌수 있는 기회가 생길 수 있다.

하지만 여기서 죄책감을 느끼는 사람은 지치지 않는 인간관계, 있는 그대로 말할 수 있는 인맥을 만들도록 하자.

내가 추천하는 관계는 이익도 손해도 없는 관계다. 이 사람과 관계를 맺어도 일을 따내는 일이 없다면 공정한 관계가 가능하기 때문에 이를 의식하는 것도 좋을 것이다. 그리고 서로이점이 있는 관계를 만드는 것도 좋다. 어쨌든 죄책감이 느껴지는 인간관계는 그만 두는 편이 좋다.

상사에게 갑질과
정신적 학대를 당하는 사람의 특징

누구나 성가신 일은 피하고 편하게 살고 싶으며, 상사에게 갑질이나 정신적 학대는 당하고 싶지 않을 것이다.

상사로부터 갑질이나 괴롭힘을 당하기 쉬운 행동은 과학적으로 판명되었다. 일단 그 행동을 멈추면 괴롭힘을 당할 확률이 상당히 낮아진다. 2018년에 캐나다 브리티시 컬럼비아 대학교(University of British Columbia)에서 상사와 아랫직원과의 관계성을 연구한 것을 살펴보자.

이 연구에서는 상사의 자존심 수준과 아랫직원에게 질투를 느낀 적이 있는지, 상사로부터 학대(갑질이나 정신적 학대)를 당한 적이 있는지 등을 조사했다. 여기서 말하는 학대란 호통치기, 비난하기, 따돌리기 등 부정적인 수단으로 부하를 통제하는 것을 말한다.

일반적으로 생각하면 자신보다 일을 잘하는 능력 좋은 아랫직원을 질투할 때 갑질이나 정신적 학대가 일어날 것 같다. 그런데 상사가 질투를 느낀다고 해서 그것이 갑질이나 정신적 학대로 이어지지 않는 것으로 나타났다. 질투를 느낀 상사는 오히려 스스로 동기를 부여해 능력을 향상시키는 경우가 많았다. 즉, 상사의 질투심은 부정적인 것이 아니었다.

단 질투의 감정에 어떤 조건이 결합되면 매우 높은 확률로 갑질과 정신적 학대가 일어났다. 구체적으로 설명하면 갑질이나 정신적 학대 등을 가할 확률이 2배로 높아졌다. 그 조건은 바로 3장 첫 머리에 다뤘던 아랫직원이 유능하지만 인간미가 없고 냉담한 경우다.

따라서 상사에게 갑질이나 정신적 학대를 당하지 않으려면 질투는 어쩔 수 없으니 상사에게 협조적인 자세를 취하거나 붙임성 있게 행동하자. 예를 들어 상사의 무용담을 기억했다가 "그 이야기를 참고한 덕에 성공할 수 있었습니다! 축하의 의미로 한잔 사주세요."라는 식으로 싹싹한 아랫직원을 연출해 보면 좋을 것이다.

애교를 부리거나 아부를 하는 게 싫다는 사람도 있을 것이다. 그러나 조직에 속해 있다면 상사보다 위로 승진해 올라가거나 아니면 붙임성 있게 행동해 갑질이나 정신적 학대를 막는 것 외에는 방법이 없다. 나도 애교나 아부를 하는 것을 싫어하기 때문에 회사에 취업하지 않았다. 이것들을 하고 싶지 않다면 독립하는 수밖에 없다.

빈정거림과 비아냥은
좋은 아이디어의 거름

매사에 빈정거리거나 함부로 비아냥대는 사람이 주변에 있는가? 빈정거림이나 비아냥거리는 사람은 뇌의 어떤 기능을 높여준다는 것이 연구를 통해 밝혀졌다.

그 기능은 '창의력'이다. 빈정거림이나 비아냥을 들으면 새로운 생각이 떠오르거나 좋은 아이디어를 생각하는 데 필요한 창의력이 높아지기도 한다. 그것도 비아냥대는 쪽보다 비아냥을 들은 쪽이 더 높아진다.

하버드 대학교(Harvard University)의 연구에서 300명의 참가자를 모아 세 그룹으로 나누어 실험을 실시했다.

첫 번째 그룹은 그냥 대화를 나눴다. "오늘 날씨가 좋네요." 와 같은 평범한 대화였다.

두 번째 그룹은 빈정거림이나 비아냥이 섞인 대화를 나눴다. 예를 들어 머리 스타일을 바꾼 사람에게 "이런! 오늘 머리 스타일이 마치 베토벤이 미끄러진 것 같네." 하고 상대방을 디스하는 식이다.

세 번째 그룹은 굉장히 긍정적으로 대화했다. "오늘 무척 나이스하신데요.", "오늘 기분이 좋아 보이네요."와 같은 대화다.

이를 통해 뇌의 기능이 어떻게 변하는지, 구체적으로는 창의적인 것을 떠올리거나 새로운 아이디어를 생각하는 능력이 어떻게 변하는지 알아보는 테스트를 진행했다.

그 결과 평범하게 대화한 그룹과 긍정적인 대화를 나눈 그룹은 30%의 확률로 좋은 아이디어를 떠올렸지만 빈정거림이나 비아냥댔던 쪽은 67%나 좋은 아이디어를 떠올렸다. 서툴게 대화를 나눌 거라면 빈정거리거나 비아냥대는 편이 좋은 아이디어를 떠올리기 쉬워지는 것이다.

또한 빈정거리거나 비아냥거리는 말을 들은 사람은 무려 75%의 비율로 좋은 아이디어를 떠올렸다. 즉, 빈정거리거나 비아냥대는 사람은 상대의 창의력을 상당히 높여준다. 빈정거림이나 비아냥을 들으면 행운이라고 생각하는 편이 좋을 듯하다.

왜 이런 일이 일어나느냐 하면 빈정거리거나 비아냥대는 쪽이나 그것을 듣는 쪽 모두 머리가 좋아야 한다. 빈정거리는 쪽은 일부러 머리를 사용하여 빈정거리는 것이다. 그리고 그런 말을 들은 쪽은 상대방의 의도를 이해하기 위해 말하는 쪽보다 뇌를 더 사용한다.

그래서 빈정거리거나 비아냥을 들으면 두뇌 트레이닝이 되어 창의적인 것을 떠올리기 쉬워지는 것이다.

빈정거리거나 비아냥대는 사람은 생각을 달리 생각하면 좋은 아이디어를 만들어내는 거름과 같은 존재다. 빈정거림이나 비아냥을 듣고 짜증을 내기만 하면 뇌 사용이 아까운 일이니 거름으로 삼도록 하자.

목표 달성률을 높이는 싫어하는 유형의 롤 모델

목표를 향해 노력하려고 할 때 존경할 수 있는 사람이나 멘토를 모델로 삼는 경우가 자주 있다. 예를 들어 "올해에는 영어를 잘할 수 있었으면 좋겠다."고 생각했을 때는 영어를 잘하는 사람을 떠올린다. 혹은 살을 빼고 싶을 때는 식스팩이 있는 사람 등을 떠올린다.

사실은 목표에 따라 부정적인 이미지를 가진 사람을 선택하거나 떠올린 사람을 경멸하는 감정을 활용하여 싫어하는 사람을 목표 달성을 위해 이용하는 편이 효과가 높아진다는 흥미로운 연구가 있다. 이것을 '존경과 경멸의 롤 모델'이라고 하는데 이 방법으로 끈기 있게 도전해 목표 달성 역량을 높이려면 어떻게 해야 하는지 소개하겠다.

프랑스 뤼미에르 리옹2 대학교(Lumière University Lyon 2)의 연구를 보면 목표에는 두 종류가 있고 그 목표에 따라 자신이 의식해야 할 사람, 즉 롤 모델이 달라질 수 있다는 것이 밝혀졌다.

'롤(Role)'이라는 말은 '역할'이라는 의미로 일반적으로 살을 빼고 싶을 때는 마른 사람을, 사회적으로 성공하고 싶을 때는 성공한 사람을 떠올린다. 이처럼 본보기로 삼고 싶은 사람을 떠올리기만 해도 역량이 높아진다는 것이 '롤 모델 이론'이다.

당연히 이 롤 모델로 존경하는 멘토나 캐릭터 등을 떠올린다. 하지만 이 연구에서는 목표에 따라 전혀 존경할 수 없는 경멸하는 사람, 즉 '이런 인간이 되면 끝이다'라는 생각이 드는 사람을 떠올리는 편이 목표를 달성할 확률이 높아진다고 한다. 자신의 주변에서 건건이 신경질 나게 만드는 사람, 싫어하는 인간관계를 목표 달성에 사용할 수 있다는 것이다.

그렇다면 부정적인 롤 모델을 어떻게 사용해야 할까? 이를 설명하기 전에 목표에는 '달성 목표'와 '예방 목표'가 있다.

❶ 달성 목표

자신이 얻고 싶은 목표다. 능력이나 돈, 새로운 기술, 인기, 지위 등 얻고 싶은 것이 있을 때는 긍정적인 롤 모델이 좋다.

예를 들어 올해에는 복근을 만들어 해변에 간다는 목표를 세웠다면 복근이 있는 사람을 떠올리자. 이때 복근을 만들기까지 얼마나 고생했는지 알고 있는 사람을 선택하는 것이 좋다. 살찌고 체형이 무너졌던 아버지가 딸을 위해 고강도 트레이닝을 한 결과 복근을 얻었다는 이야기가 있다면 그런 사람을 롤 모델로 삼는 것이 효과적이다. 물론 가까이에 그런 사람이 없는 경우에는 영화 캐릭터 등도 좋다.

❷ 예방 목표

이것은 무언가를 피하고 멈추고 하지 않기 위한 목표로 이 경우에는 부정적인 롤 모델이 좋다. 자신이 경멸하는 사람이나 캐릭터를 이용하면 효과가 높다는 것이 밝혀졌다. 예를 들어 담배를 끊고 싶다고 하자. 목표가 '금연해 건강한 몸을 만드는 것'이라면 달성 목표니 긍정적인 롤 모델, 즉 열심히 달성한 사람을 떠올려도 된다.

하지만 대부분 일단 금연하는 것부터 시작되기 때문에 금연할 수 있었던 사람을 떠올리기 보다는 담배를 마구 피워 몸을 망치고 인간관계까지 망가져 밑바닥 삶을 사는 사람을 롤 모델로 삼으면 성취할 확률이 높아진다. 자신의 목표에 따라 롤 모델은 바꾸는 것이 좋다.

그럼 롤 모델 활용법을 설명하겠다.

(a) 목표 설정을 결정한다

올해 달성하려는 것을 10개 정도 쓴 다음 1번, 2번… 이렇게 차례로 써간다. 그리고 3번째까지 선택한 후 나머지는 일단 잊는다. 그 세 가지 중에서 첫 번째 목표를 가장 중심으로 놓고 나머지 두 가지는 그 다음 목표로 삼는다. 중심 목표가 정체되었을 때 다른 목표가 있는 편이 정신 건강상 좋기 때문에 나머지 두 가지도 평소부터 잘 보이게 둔다.

이 세 가지 목표를 달성하면 나머지 일곱 가지 중에서 새로운 목표를 결정해 이뤄간다.

(b) 목표의 종류를 결정한다

여기서 달성 목표인지 예방 목표인지 결정한다. 이미 눈치챈 사람도 있을 텐데 어떤 목표든 둘 다 적용 가능하다.

예를 들어 복근을 얻기 위해 트레이닝하는 것이라면 달성 목표이고, 술을 끊기 위해서라면 예방 목표다. 자신 생각했을 때 더 잘 맞는 쪽으로 결정하자.

(c) 존경과 경멸의 롤 모델

달성 목표 또는 예방 목표를 결정한 후 마지막으로 '존경과 경멸' 중 하나를 롤 모델로 선택한다. 영화나 드라마 캐릭터도 좋고 주변의 친구나 선배도 좋으니 롤 모델을 선택한다.

롤 모델을 결정했다면 그것을 구체화하기 위한 다음 네 가지 질문에 답한다.

질문 ❶ 롤 모델 확인

'그 롤 모델은 달성하려는 목표에 정말 적합합니까?'

목표에 따라 적합한 인물을 선택했는지 확인하자.

질문 ❷ 이유 확인

'그 롤 모델이 최적이라고 생각한 이유는 무엇입니까?'

이 롤 모델이 목표 달성에 가장 효과가 있다는 자신감을 갖기 위해 그것을 선택한 이유를 자신에게 물어본다.

질문 ❸ 배울 점 확인

'자신이 이루고 싶은 목표에 대해 그 롤 모델에게서 배울
수 있는 것은 무엇입니까?'

자신이 롤 모델로 삼으려 했던 사람의 경험을 통해 무엇을
배울 수 있을지 생각해 보자.

위인이나 애니메이션 또는 만화 캐릭터의 명언을 선택하는
것도 좋다. 물론 가까운 지인도 상관없다.

그들의 경험이나 성공에서 무엇을 배울 수 있을지 생각하고
세 개에서 다섯 개 정도 적는다. 명언으로 사고방식을 바꿀 수
있다는 연구도 있을 정도이니 명언 또한 유용하다 할 수 있다.

질문 ❹ 응원과 지원 상상

"롤 모델이 자신을 지켜본다면 무슨 말을 해줄까요?"

만약 그 롤 모델이 자신의 목표를 응원하고 지켜본다면 무
슨 말을 할지 상상하자.

자신의 목표 달성을 위해 어떤 말을 할지, 내가 지칠 때 뭐
라고 말해서 힘을 줄지를 생각해 보는 것이다. 여기까지 상상
하면 롤 모델로 자리 잡게 된다.

나는 여기에 '심리 대비'라는 것을 더해 목표 달성 확률을 높이고 있다. 롤 모델과 심리 대비의 조합은 매우 강력하기 때문에 심리 대비 또한 설명하겠다.

❶ 달성하려는 목표의 가장 큰 이점을 결정한다

심리 대비는 매우 간단하다. 이루고 싶은 목표를 정하면 먼저 그 목표의 이점을 떠올릴 수 있는 한 모두 적는다.

예를 들어 '영어를 잘하는 것'이 목표라면 영어책을 읽을 수 있다, 해외 여행이 즐거워진다, 외국의 이성과 친해질 수 있다 등 이점을 쓰고 그중 가장 큰 이점을 선택한다.

❷ 목표를 달성할 수 없는 최악의 상황을 상정한다

다음은 목표를 달성할 수 없는 장애나 문제로 어떤 일이 일어날 수 있는지를 생각나는 한 다 적는다. 그리고 그중에서 가장 크게 악영향을 미칠 것이라 생각되는 것을 선택한다.

예를 들면 좌절하면 소중한 사람이 비웃지 않을까, 이미 해외에서 사업할 계획을 다 세웠는데 영어를 못해서 다 물거품이 되지는 않을까, 월급이 내려가는 것은 아닐까 등 어떤 것이든 좋다.

❸ 이점과 단점을 대비시킨다

❶에서 결정한 가장 큰 이점과 ❷에서 결정한 가장 큰 단점을 대비시켜 격차를 만든다. 격차를 명확히 하면 인간은 의욕이 생겨 동기가 부여가 되고 성취할 확률이 높아진다는 점을 이용한 것이 심리 대비다.

참고로 심리 대비는 다양한 연구를 통해 그 효과가 확인되었다. 예를 들어 학교에서 성적이 오르거나 자신을 통제하는 능력이 높아지거나 건강한 식생활로 살이 빠지는 등의 결과가 나타났다.

이 심리 대비 기술을 롤 모델과 결합한다. 예를 들어 '영어를 잘하는 것'이 목표라면 심리 대비가 가능한 롤 모델을 두 개 만든다.

목표를 달성했을 때 가장 큰 이점이 되는 롤 모델로는 바쁜 와중에도 공부하면서 할리우드 영화에도 나온 사람이다. 반대로 목표를 달성하지 못했을 때 가장 큰 단점의 롤 모델로는 해외에서 활약하는 꿈을 좇았지만 그 꿈이 깨져 힘들게 지내는 사람을 떠올려 이를 대비시킨다.

돈을 벌고 싶다면 돈을 벌어 유유자적하게 생활하는 롤 모델과 돈이 없어 힘들어 하는 롤 모델을 만들면 되고 살을 빼고 싶다면 늘씬한 롤 모델과 요요로 다시금 살이 찐 롤 모델을 만들면 된다. 이렇게 롤 모델을 두 개 만들어 심리 대비를 사용하면 달성 확률이 더 높아질 수 있다.

체형으로 원하는 첫인상을 만드는 방법

자신의 첫인상이 어떤지 궁금해하는 사람이 많을 것이다. 혹은 자신의 어떤 점을 사람들이 보는지, 조금 이상하지는 않은지 여러 가지 신경이 쓰이는 경우가 있을 것이다.

심리학적으로 봤을 때 자신의 어떤 부분을 주변에서 보고 있는지, 그리고 그것을 통제하여 첫인상이나 남들이 생각하는 내 성격을 바꾸는 방법까지 연구를 통해 설명하고자 한다.

자신의 인상을 자신이 생각하는 대로 만들기 위해 알아야 할 포인트는 세 가지다.

❶ 사람은 선입견으로 남의 성격을 단정짓는다

대부분이 남의 성격을 마음속으로 단정짓는다. 그래서 스스로 자신의 성격에 대해 알기 쉽게 알리지 않는 한 각자 제멋대로 남의 성격을 규정한다.

　나 같은 경우 밝은 성격이라고 생각하는 사람도 있고, 차갑다, 머리가 좋아 보인다고 말하는 사람도 있다. 실제 성격이 어떤지는 거의 상관없이 사람들은 다른 사람의 성격을 단정짓고 판단한다.

❷ 상대방의 체형으로 성격을 단정짓는다

　그렇다면 어떤 부분을 보고 성격을 규정할까? 많은 사람이 얼굴의 영향을 받긴 하지만 체형으로 단정짓는다고 한다. 그래

서 체형을 바꾸면 자신의 인상이나 남들에게 보여지는 성격을 바꿀 수 있다.

❸ 체형에 따라 인상이 결정된다

외형적인 특징으로 결정된 성격은 3개월~6개월 정도까지 첫인상으로서 유지된다.

따라서 첫인상을 좋게 만들고 싶은 사람은 먼저 자신의 체형을 바꾸는 편이 좋다. 어떤 체형이 어떤 성격을 강조하는지 이해하고 자신의 성격에서 부족한 부분이나 남들에게 어떻게 보이고 싶은지에 따라 체형을 바꾸면 된다.

보충 설명을 하자면 얼굴도 상당히 영향을 준다. 미국 프린스턴 대학교(Princeton University)의 연구 등을 보면 인간은 상대방의 얼굴에서 능력과 성격을 판단한다고 한다. 단 얼굴은 바꿀 수 없기 때문에 체형을 바꾸는 것에 집중하자.

텍사스 대학교(University of Texas System)의 연구에서는 다양한 체형의 남녀 사진 140장을 76명의 학생들에게 보여주고 사진 속 사람의 성격을 판단해 달라는 실험을 진행했다.

구체적으로는 '권위적일 거 같다', '무서울 것 같다', '강해

보인다', '차분한 것 같다', '내향적일 것 같다', '외향적일 것 같다' 등 인간의 성격을 나타내는 말 중에서 사진 속 인물이 어디에 해당할 것인지 생각해 보라고 했다. 즉, 사진을 보고 어떤 인상을 받았는지 답해 달라고 한 것이다.

그 결과 성격은 체형의 영향을 받는 것으로 나타났다. 상식적으로 생각해 보면 표정 등에서 인상을 읽는다면 같은 체형이라도 받는 인상이 각각 다를 것이다. 예를 들어 똑같이 마른 사람이라도 표정이 밝아 보이는 사람이 있는가 하면 어두워 보이는 사람이 있다.

그런데 실제로는 체형에 따라 성격을 판단하는 편이었다. 먼저 대부분이 뚱뚱한 사람, 체중이 많아 보이는 사람은 '게으름', '게으름뱅이', '덜렁거림'이라는 부정적인 특성을 골랐다.

반대로 날씬하고 체중이 가벼워 보이는 사람에게는 '자신감 있다', '열정적'이라는 긍정적인 특성을 고르는 경향이 많았다고 한다.

참고로, 운동을 하면 인간관계가 바뀐다, 인생이 바뀐다는 말을 자주 듣는다. 뚱뚱한 사람이 체형만 바뀌어도 인상이 확 바뀌고 자신감이 있거나 열정적인 사람으로 보이니 운동을 해서 체중을 줄이는 것이 좋다.

또한 근육이 있는 이른바 남성적인 체형, 또는 여성적인 체형의 사람은 모두 '외향적', '활동적', '행동력 있어 보인다'는 느낌을 주기 쉽다고 한다. 그래서 좀 더 외향적으로 보이고 싶거나 여러 사람과 사이좋게 교제하고 싶다면 외향적이고 말을 잘 할 것 같은 사람이라는 인상을 주는 체형이 되면 다른 사람이 편하게 말을 걸어온다.

내 경우에도 예전에는 전혀 근육이 없었다. 하지만 몸을 단련하니 외향적인 이미지를 주었는지 상당히 많은 사람이 말을 걸어와 자연스럽게 인간관계가 넓어졌다.

인간의 행동은 주변의 기대에 따라 상당히 달라지기 때문에 외향적이라는 인상을 주는 것만으로도 자연스럽게 외향적인 행동을 취하게 된다.

주의할 점도 있다. 근육질의 남성과 여성적인 체형의 여성에게는 '성격이 급하다'는 부정적인 인상을 주기도 한다. 활동적이고 외향적이라고 생각될 때 쉽게 화를 내는 모습을 보이면 주변에서 성격이 급한 사람이라고 생각할 수 있으니 조심하자.

한편, 딱히 뚱뚱하지도 마른 것도 아닌 체형의 사람은 남녀모두 '신뢰할 수 있다', '따뜻한 것 같다'는 안정감을 주는 경향이 있었다. 단 '수줍음을 탄다'고 여겨지는 경향도 있었으니 이런 점을 감안하여 자신의 강화하고 싶은 부분을 생각해 목표 체형을 결정하자.

그렇지만 열심히 운동해서 근육질이 된 사람이 이러한 점 때문에 근육을 없애는 것은 안타까운 이야기다. 상대방에게 안정감이나 신뢰감을 주고 싶을 때는 품이 넉넉한 옷을 입어 평범한 체형으로 보이게 하는 등 체형을 감출 수 있는 옷을 고려해 보는 것도 좋다.

참고로 체형과 관련된 다양한 연구를 살펴보면 어느 문화권에서나 비슷한 현상이 나타났다.

내향적인 사람과 관련된 세 가지 거짓말

"그는 내향적이야."라는 사람도 있고 "나는 내향적이라서……"라는 사람도 있다. 그런데 내향적인 사람은 꽤 오해를 받는 경우가 많다. 실제로 '나는 내향적이다'라고 생각하는 사람에게 부정적인 요소는 없으며 이는 착각에 지나지 않는다.

자신의 진정한 가치를 깨달을 수 있도록 세상에서 흔히 말하는 '내향적인 사람은 ○○다.'에서 ○○ 부분이 사실은 거짓이라는 말을 하려고 한다.

또한 외향적인 사람은 내향적인 사람과 함께 있어도 분위기가 고조되지 않는다. 그래서 모임에 '불러도 재미없다'고 생각할지 모르지만 내향적인 사람에게 있는 능력을 알게 되면 능숙하게 관계를 만들어 갈 수 있다. 동료나 아랫직원 중에 내향적인 사람이 있다면 그 사람을 잘 이용해 자신에 대한 평가를 높일 수도 있다.

내향적인 사람과 관련된 세 가지 거짓말을 소개한다.

❶ 내향적인 사람은 수줍음을 탄다

원래 '내향적인 사람'과 '수줍음'은 뜻이 다르다. 물론 내향적인 사람이 수줍음을 타는 경우도 있지만 전혀 관계없다.

모두 상상이 가겠지만 내향적인 사람은 차분하고 말수가 적다. 질문을 받거나 무슨 말을 들었을 때 대답이 느리기 때문에 주변에서는 부끄러워하거나 수줍어한다고 생각한다. 또한 주변이 그렇게 생각하기 때문에 본인도 말을 잘 못한다고 생각한다.

하지만 내향적인 것과 수줍음은 원인이 다르다. 내향적인 사람은 깊이 생각하고 말하는 경향이 있어 수줍어 보인다는 것이 다양한 연구를 통해 밝혀졌다.

내향적인 사람은 외향적인 사람처럼 기세 좋게 대답하거나 반사적으로 대답하지 않는다. 또한 주변 사람들이 많은 것을 이야기할 때도 한 발 물러서서 그것을 곰곰이 들으며 생각한다. 그 생각하는 시간이 말하는 시간보다 길기 때문에 주변에서는 수줍어한다고 생각한다.

내향적인 성격 연구자로 유명한 수잔 케인(Susan Cain)도 내향적과 수줍음은 다른 것이라고 했다. 내향적인 사람은 외부에서 들어오는 과도한 자극을 피하는 경향이 있다. 그래서 주변에서 여러 말을 듣는 것보다 자신의 머리로 생각하고 결론을 내는 것에 능한다.

반면 수줍다는 것은 사회적인 거절에 대한 두려움이 만들어 내는 것이다. 즉, 뭔가 말하면 부정당할까 봐 두렵기 때문에 말하지 않는 것이 수줍어하는 사람이다.

❷ 내향적인 사람은 말을 잘 못한다

내향적인 사람은 깊이 생각하기 때문에 말하는 것이 서툴다고 생각하기 쉽다. 하지만 나도 내향적이지만 말을 꽤 잘하는 편이고, 개그맨 중에는 평소에 굉장히 말을 잘하는데 사실은 내향적인 사람도 많다.

외향적인 사람이 사람들 앞에서 긴장하지 않고 말할 수 있다는 이미지가 있는데 사실 내향적인 사람도 비슷하거나 그 이상으로 발표를 잘한다는 것이 밝혀졌다.

내향적인 사람은 앞서 말한 것처럼 곰곰이 생각하기 때문에 말하기 전에 꼼꼼히 준비해 원고를 쓰고 말하는 연습을 한다. 그래서 결과적으로 발표 내용이 좋을 확률이 외향적인 사람보다 높다고 한다. 그런데 외향적인 사람은 그 자리 분위기에 맞춰 능숙하게 추임새를 넣거나 임기응변이 가능하기 때문에 실전에 바로 돌입하는 경우 내향적인 사람이 지는 경우가 많다.

준비로 승부를 결정짓는 것이 내향적인 사람, 실전에서 승부를 결정짓는 것이 외향적인 사람이라는 것을 기억해 두면 각각 능력을 활용할 수 있는 방법을 알 수 있다.

❸ 내향적인 사람은 외향적일 수 없다

외향적이 될 수 없기 때문에 내향적인 것이 아닐까 하는 사람도 많을 것이다. 하지만 실은 내향적인 사람도 외향적이 될 수 있다. 정확히 말하면 인간은 내향적 또는 외향적으로 정확히 구분할 수 없다.

예를 들어 기차 여행을 매우 좋아하고 내향적이라는 이른바 덕후인 사람이 있다고 하자. 회식이나 소개팅에서는 스스로 내향적이라 말하는 것이 서툴다고 생각해 실제로 거의 말을 하지 못하기도 한다. 하지만 그런 사람이 기차 여행을 좋아하는 사람들이 모이는 곳에 가면 엄청나게 말을 많이 한다.

이는 좋아하는 것이 눈 앞에 있으면 내향적 또는 외향적이라는 것을 생각하지 않고 행동하기 때문이다. 원래 내향적이라는 것과 외향적이라는 것은 연속적인 개념이며 우리는 완전히 내향적인 사람과 완전히 외향적인 사람 사이에 그라데이션처럼 존재하고 있다. 중간 정도의 내외향 영역에 있는 사람도 꽤 많다. 내향적인 특성과 외향적인 특성의 좋은 점을 모두 지녔기 때문에 장사를 시키면 잘한다. 상황에 따라 내향적이 되기도 하고 외향적이 되기도 하는 사람은 장사를 잘한다.

그러므로 내향적이라고 생각하는 사람도 자신이 잘하는 것이나 자신이 있는 것에서는 외향적이 된다면 내외향일 가능성이 있다. 자신은 내외향일지 모른다고 생각하고 행동하면 내향적이기 때문에 말을 잘 할 수 없다는 생각이 들지 않는다. 그러니 자신은 내외향일 가능성이 있다고 생각해 보자.

또한 자신이 좋아하는 것 앞에서 외향적이 된다면 일시적으로 외향적이 되는 것도 좋지 않을까? 아이가 내향적이라고 걱정하는 부모도 있을 것이다. 하지만 내향적인 사람은 집중력이 높고 무언가를 꾸준히 한다는 연구도 있으니 장래를 비관할 필요가 없다.

기대를 받지 않는 편이 이득인 상사 유형

인간은 주변의 인간관계에 크게 영향을 받기 때문에 자신이 존경할 만한 사람과 함께 일하고 있으면 의욕이 커져 성공하기 쉽다고 한다. 유명한 투자가 워런 버핏(Warren Buffett)도 '존경할 수 있는 사람'과 함께 일하는 것이 중요하다고 말한다.

존경할 수 있는 사람과 일하면 성장하는 이유는 무엇일까? 일을 잘하는 사람 옆에 있으면 그 영향을 받아 일을 잘하게 되는 것이라 생각할 수 있지만 그것만으로는 설명할 수 없다.

사실 존경할 만한 우수한 사람과 일하다 보면 "대단한 사람과 함께 일하는구나." 하고 주변의 기대를 받는다. 인간은 타인에게 기대를 받으면 그에 부응하려고 노력하기 때문에 동기 부여가 되고 능력이 오른다. 실제로 어른들의 기대를 받고 자란 아이가 그렇지 않은 아이보다 성적이 좋다는 연구 결과도 있다.

그렇지만 반대로 주변에서 전혀 기대받지 못해서 대단한 성공을 거두는 사람도 있다. 그 차이점은 무엇일까?

주변 인간관계가 좋지 않을 때 그러한 어려운 환경을 이용하여 성공하려면 어떻게 해야 하는지를 펜실베니아 대학교(University of Pennsylvania)의 연구로 살펴보자.

펜실베니아 대학교에서는 371명의 일반적인 직장인을 대상으로 상사나 동료에게 기대를 받고 있는지 묻고 동시에 참가자의 상사에게 그들이 얼마나 성과를 내고 있는지 물었다. 즉, 본인이 느끼고 있는 주변의 기대와 실제 성과의 차이를 조사한 것이다.

상식적으로 생각하면 상사에게 기대를 받는 편이 동기 부여도 되어 성과가 오를 것 같다. 그러나 실제로는 그다지 기대를 받고 있지 않다, 자신이 성공할 것이라고 아무도 생각하지 않을 것이다 등 주변의 기대가 없다고 생각하는 사람들이 상사에게 높은 평가를 받고 있었다.

물론 주변의 기대를 받고 있는지에 관계없이 성공하겠다는 본인의 의지가 있느냐에 좌우되는 경우도 있다. 단 그 부분을 고려해도 역시 기대를 받고 있지 않다는 사람이 높은 성과를 냈다.

이 연구의 또 다른 실험에서는 330명의 남녀를 모아 컴퓨터를 이용하여 간단한 작업을 수행하게 했다. 이때 작업하는 모습을 다른 방에서 확인하는 사람이 있다는 것을 알렸다.

그리고 확인하는 사람이 작업 속도에 굉장히 기대하는 경우, 적당히 기대하는 경우, 기대하지 않는 경우로 패턴을 나눴다. 이 실험에서도 방금 소개한 실험과 비슷한 결과가 나타났다. 기대를 받지 않는 참가자들의 성적이 더 좋았다.

즉, 현실 세계에서는 기대를 받지 않는 사람이 더 좋은 성과를 낼 것이라는 뜻이다. 그래서 기대를 받아 능력이 좋아지는 때와 기대를 받지 않아 능력이 좋아지는 때를 좀 더 깊이 있게 조사하여 각각 능력이 발휘되는 조건이 있는지 살펴봤는데 재미있는 사실이 밝혀졌다.

589명을 대상으로 앞서 말한 간단한 작업을 실시하도록 했다. 해당 작업 상황을 확인하는 사람이 있고 참가자에게 기대하는 경우, 적당히 기대하는 경우, 기대하지 않는 경우의 세 가지 패턴으로 나눴다.

여기까지는 똑같지만 이 실험에서는 작업을 확인하는 사람이 유능하다고 알렸을 경우와 무능하다고 알렸을 경우로 다시 나누었다. 요컨대 연구팀은 기대받는 정도에 따라 능력에 차이가 생기는 것은 기대하는 쪽의 능력이 좌우하지 않을까 생각한 것이다.

그 결과 연구자들의 예상대로 확인하는 사람이 유능할 때 그 사람이 기대하지 않으면 능력이 저하되었다. 반대로 확인하는 사람이 무능하다고 했을 때는 그 사람이 기대하지 않을 때 능력이 향상되었다.

즉, 유능한 사람에게 기대를 받을 경우에는 의욕이 상승할 가능성이 크다는 것이다. 존경하는 유명한 사람과 함께 일하면서 기대를 받으면 동기 부여가 되고 자신의 성과도 올라간다. 반면 유능한 사람에게 기대받지 못한다는 것을 알면 불안해지고 의욕이 떨어진다.

반면 평가하는 쪽이 무능하다면 어떨까? 무능한 사람에게 기대받지 않는 상황, 예를 들어 변변치 않은 상사가 있고 열심히 일하는데도 좋은 평가를 받지 못하는데 더해 무능한 직원에게 더 기대하는 상황이 되면 지기 싫다는 마음이 들어 그 상황을 뒤집어보려는 의욕으로 이어진다는 것이 밝혀졌다.

즉, 유능한 사람에게 기대를 받거나 무능한 사람에게 기대를 받지 못하는 경우 의욕이 올라간다.

아무도 기대하지 않는다는 생각이 들 때는 그 사람들은 바보라고 생각하자. '저 상사는 아무리 노력해도 나를 봐주지 않고 기대하지도 않는다. 그런데 그건 그 상사가 무능하기 때문이다.'라고 생각하면 된다.

상대가 자신보다 한 수 아래일 경우 기대받지 않는 편이 의욕이 올라간다. 그러므로 아무도 기대하지 않는다고 단정하지 말고 누구에게 기대를 받고, 기대를 받고 있지 않은지 나눠서 생각해야 한다. 그리고 기대하지 않는 사람을 파악하면 그 사람의 능력에 주목하자.

상대가 무능하고 자신은 그 사람에게 기대를 받고 있지 않을 뿐이라는 것을 알게 되면 반대로 의욕이 올라가 일하기 쉬워져 성과를 올리고 성공하기 쉬워진다. 그리고 의욕이 올라가 역량이 높아지면 그 무능한 상사 밑에서 날개를 펴고 독립하면 된다.

제 **4** 장

인생의 보물을 손에 넣자

몸과 마음을 상하게 하지 않는
성격 연기법

사람은 직장에서 자신의 기분이나 성격 등을 어느 정도 속이며 생활한다.

예를 들면 싫어하는 상사가 있어도 겉으로는 친하게 지내야 하고 바보 같은 말을 하는 손님이 있어도 그 손님에게 "바보냐?"고 말할 수 없다. 이처럼 생각하는 것을 다 말하지 않고 자신의 감정을 속이며 소통하다 보면 인간관계에 지치는 경우가 굉장히 많다고 한다.

1983년에 나온 조금 오래된 논문으로 승무원의 건강 상태를 조사한 적이 있다. 승무원은 진심이나 감정을 속여야 하는 전형적인 일로, 그런 직업을 가진 사람에게 어떤 나쁜 점이 생기는지 알아본 것이다. 결과는 자신의 성격을 숨기고 일하던 승무원일수록 병에 걸리기 쉬운 것으로 나타났다.

미국의 텍사스 대학교가 학생을 대상으로 실시한 실험에서도 같은 결과가 나왔다.

왜 진정한 자신과 다른 성격을 장시간 연기하면 몸에 손상이 올까? 그 이유는 자율신경이 늘 긴장한 상태이기 때문이다.

그로 인해 정신이나 몸이 망가지기 쉬워지는 것은 아닐까 하는 것이다. 감기에 걸리기 쉽다, 요통이나 어깨 결림·두통이 심하다, 밤에 잠을 잘 수 없다, 쉽게 피곤해진다 등 증상이 현저하게 나타난다.

그렇지만 회사에서 일하면서 진짜 성격을 그대로 드러낼 수 없다는 사람도 있을 것이다. 그러나, 진정한 성격을 드러내고 협상한 경우와 그렇지 않은 경우를 비교하면 진짜 성격 그대로 협상하는 편이 성공할 확률이 높아진다는 것이 연구를 통해 밝혀졌다.

진짜 성격을 숨기고 있으면 자신의 거짓말이 들통나지 않을까 하는 생각에 뇌의 일부분을 사용하기 때문에 평소와 같은 능력을 발휘할 수 없는 것이다. 완전히 속이지 않는 것은 어렵지만 가능한 몸을 손상시키지 않는 성격을 만드는 방법, 즉 연기법을 살펴보자.

미국 애리조나 대학교(University of Arizona) 등이 실시한 연구를 보면 교육이나 제조업, 시스템 엔지니어나 금융 서비스 등, 다양한 업계의 회사원 2,500명에게 평상시 직장에서 동료나 상사, 거래처 등과 소통할 때 자신의 감정을 제어하고 있는지 물었다. 그리고 만약 감정을 제어하고 있다면 어떻게 하고 있는지도 물었다.

그 결과 대부분이 진짜 자신과는 많이 다른 성격을 연기하고 있었는데, 그 연기에는 두 가지 패턴이 있다는 것을 알게 되었다.

❶ 얕은 연기(표정 등 표면상만 제어)

남에게 잘 보이게 연기하는 것이다.

예를 들어 실제로는 짜증나지만 웃는 얼굴로 대응한다. 감정을 조절하는 것이 아니라 표면상으로만 조절하는 얕은 연기다.

❷ 깊은 연기(자신의 감정을 제어)

단순히 표정이나 몸짓, 대화를 바꾸는 것이 아니라 감정을 바꾸려는 연기다.

예를 들어 거래처 사람의 한마디에 짜증이 났을 때 '지금 짜증나는 소리를 들었는데 이 사람이 말하는 것도 일리가 있다. 여기서 짜증을 내고 이야기를 망칠 게 아니라 이 사람의 이런 면을 알 수 있었으니 더 분석해 나가면 반드시 좋다는 대답을 들을 수 있는 전략을 세울 수 있다.'고 눈앞에서 일어난 일을 재해석해 감정 자체를 바꾸는 것이다.

한마디로 얕은 연기의 사람들은 기분이 나빠도 웃는 얼굴로 대응한다. 반면 깊은 연기의 사람들은 기분이 나쁘다는 생각이 들면 그 감정을 어떻게 하면 긍정적으로 바꿀 수 있는지를 생각하고 실제로 긍정적으로 바꾼 후 상대방을 대했다.

연구에서는 자신의 행동만 속이는 사람과 감정을 바꾸려는 사람을 비교해 어느 쪽이 더 손상이 적은지 조사했다.

그리고 피험자의 데이터를 종합했더니 대부분 얕은 연기와 깊은 연기 중 어느 하나만이 아니라 양쪽 모두 실행하고 있었으며 그 비율은 사람마다 다르다는 것이 밝혀졌다. 얕은 연기가 많은 사람도, 깊은 연기가 많은 사람도 있었다.

이를 정리하여 보니 참가자를 다음과 같이 크게 네 가지 유형으로 나눌 수 있었다.

- 거의 감정을 속이지 않는 그룹
- 얕은 연기와 깊은 연기를 모두 조금씩 실행하는 그룹
- 대부분 깊은 연기이고 얕은 연기는 거의 실행하지 않는 그룹
- 얕은 연기와 깊은 연기를 모두 자주 실행하는 그룹

이 네 가지 유형 중 역시 '거의 감정을 속이지 않는 그룹'이 가장 손상이 적었다. 그러나 실제로 많은 사람이 적지 않게 속이고 있었다. 그것을 바탕으로 데이터를 더 분석한 결과 흥미로운 사실을 알 수 있었다.

'얕은 연기와 깊은 연기를 모두 조금씩 실행하는 그룹' 또는 '자주 실행하는 그룹'은 자신의 좋은 인상을 만들어 상대방을 끌어들여 이익을 얻으려고 자신의 감정을 속이거나 연기하는 경우가 많았다.

그리고 '대부분이 깊은 연기이고 얕은 연기는 거의 실행하지 않는 그룹'은 동기가 달랐다. 상대방에게 이익을 얻고 싶다는 것이 아니라 주변 사람들과 더 친해지고 싶고 인간관계를 좋게 만들겠다고 생각하는 것이었다.

상대와 친해지기 위해 깊은 연기를 실행하는 그룹은 주변의 도움을 받고 좋은 조언을 받는 등 상당한 지원을 받고 있었다. 그래서 다른 세 그룹에 비해 목표 달성률이 굉장히 높았다.

물론 자신을 속이는 연기는 되도록 하지 않는 것이 좋다. 하지만 현실적으로 진심을 모두 드러낼 수 없는 직장에 다니며 주변과 팀워크를 다지고 열심히 일하고 싶다면 표면상 또는 행동만을 바꾸는 것이 아니라 어떻게 하면 모두와 친해질 수 있을지 감정의 근본을 바꿔보자.

참고로 얕은 연기와 깊은 연기를 모두 제대로 실행하는 사람과 조금만 실행하는 사람은 스트레스도 상당히 높았고 특히 양쪽 모두를 제대로 실행하는 사람은 피로감이 매우 높은 것으로 나타났다.

얕은 연기든 깊은 연기든 실행 빈도가 많아질수록 스트레스가 커진다. 자신의 감정을 속이는 사람은 감정을 바꾸면 행복도가 낮아지지 않고 스트레스도 최소한으로만 받는다.

▌인간관계에 금이 가지 않도록
▌친절함에 대응하는 방법

인간관계나 소통에서 가장 조심해야 할 것은 친절함에 대응하는 방법이다. 사람들은 상식적으로 상대방이 친절을 베풀었을 때 답례해야 한다고 생각하지만 이 답례 방식이 잘못되면 인간관계에 금이 갈 수 있다.

영국 서식스 대학교(University of Sussex)에서 사람들에게 친절을 베풀었거나 남이 나에게 친절을 베풀었을 때 이득을 보고 상대방에게 좋은 영향을 줄 수 있는 행동에는 어떤 것이 있는지 조사했다.

친절에는 기본적으로 두 가지 종류가 있다.

❶ 대가를 바라지 않는 친절

단순히 친절하게 대하고 싶다, 기뻐하는 얼굴을 보고 싶다는 봉사적인 친절이다.

❷ 사례나 대가를 바라는 친절

과학자들이 전략적 친절이라고 부르는 것이다.

연구에서는 이렇게 두 가지 친절을 베풀었을 때 우리 뇌가 어떻게 반응하는지 1,150명의 뇌를 MRI로 조사했다.

그 결과 대가를 요구하지 않는 친절이 인간에게 큰 행복을 가져다주고 뇌 활성화로 이어지는 것으로 나타났다. 대가를 바라는 전략적인 친절보다 대가를 바라지 않고 이타적인 감정으로 친절하게 대했을 경우 뇌의 여러 부위의 많은 곳이 활성화되었다.

우리의 뇌는 대가를 바라지 않는 이타적인 친절과 대가를 바라는 전략적 친절을 분명히 구별한다. 대가나 보수를 받고 친절을 베풀면 오히려 손해를 본다. 반대로 친절을 베풀었을 때 돈으로 갚으려 하면 친절을 베푼 사람의 뇌 반응이 달라져 그 친절로 얻는 만족감이 떨어지는 부정적인 현상이 일어나는 것으로 나타났다.

상대방을 위해서 그저 기뻤으면 해서 친절을 베풀었는데 돈으로 돌려받아 섭섭한 적이 누구나 있을 것이다. 이러면 친절을 베푼 것에 대한 만족도가 떨어진다는 것을 연구자가 조사했다. 실제로 장기적인 만족도도 떨어졌다.

친절을 베풀거나 받았을 때 보수를 주고받으면 안 된다. 자신이 베푼 친절에 감사를 전해오면 솔직하게 받아들이고 보수는 받지 않는 편이 좋다. 또한 남이 나에게 친절을 베풀었을 때는 감사의 마음을 확실히 말로 전하자.

언젠가 돈으로 돌아올 가능성이 있다는 사실은 문제될 것이 없다. 돈을 요구하지 않고 그 자리에서는 감사의 말만 전하는 것이 서로 이득이다.

즉, 친절에 대해 보수를 주고받지 않는 것이 인간관계를 좋게 만드는 아주 간단한 기술이다. 모두 대가를 요구하지 말고 가볍게 많이 친절을 베풀도록 하자.

소통 능력이 좋은 사람이
무의식적으로 하는 행동

소통 능력이 좋은 사람은 어떤 방법을 쓰는 것일까? 사실은 상대방의 말버릇이나 행동을 흉내 낸다. 흉내를 내면 친근감이 늘어난다고 하는데, 소통 능력이 좋은 사람은 무의식적으로 그것을 실천하는 것이다.

미국 듀크 대학교(Duke University)에서 105명의 여성을 대상으로 실험을 실시했다. 참가자의 외향성을 검사한 후 2인 1조를 만들어 간단한 게임을 하게 했다. 그러자 외향성이 높은 참가자일수록 소통 능력이 좋았고 상대방의 말이나 동작을 따라 하는 능력이 좋다는 결과가 나왔다.

즉, 상대방을 따라 하면 소통 능력이 좋아진다. 소통 능력이 낮아서 대화가 이어지지 않는다는 사람도 있지만 그것은 단지 화제성 문제다. 소통 능력이 좋은 사람은 화제를 던지는 능력이 좋았고 상대방의 말이나 동작을 무의식적으로 따라 해 친근감을 주고 상대방으로부터 화제를 끌어내는 데 능숙했다.

이 실험에서 알 수 있었던 것은 외향적인 사람이 소통 능력이 좋은 이유는 '따라 하기' 때문이라는 것이다.

사람은 남과 관계를 잘 맺어야 하는 상황이 되면 상대방을 따라 하게 된다. 내향적인 사람은 상대방을 관찰하고 기분을 살피려고 하지만 외향적인 사람은 일단 친해지겠다 생각하고 상대방의 행동 등을 따라 한다.

이러한 모방은 대단한 시스템으로 인간이 진화 과정에서 획득한 것이라고 알려져 있다. 남들과 잘 협력하고 팀워크 등을 만들기 위해 상대방을 모방해서 언어나 표정, 제스처 같은 것들을 만들어간 게 아닐까 하는 설이 있다.

사람들과 친해지려면 그 사람과 비슷한 정도로 반응해야 한다는 사실을 기억하고 되도록 따라 하는 것이 좋다. 이러한 효과도 조금씩 의식하면서 '따라 하는' 소통을 늘 기억하자.

싫은 사람을 자연스럽게 멀어져 가게 하는 방법

인간관계는 사람들이 고민하는 것 중 많은 부분을 차지하는 것으로 알려졌다. 하지만 고민의 원인이 되는 싫은 사람이 모두 사라지면 행복할까 하면 그것도 아니다. 설령 그 사람들이 사라져도 또 어디선가 똑같이 성가신 사람이 나타나기 때문이다.

그렇다면 어떻게 해야 좋을까? 가장 간단한 방법은 정신을 단련하는 것이다. 하지만 이는 매우 어렵다.

예를 들어 성가신 상사나 고객이 있다고 하자. 그 사람에 대해 불안감이나 공포감 등 부정적인 감정을 느끼면 그 감정을 없애는 것은 매우 어렵다. 또 그 감정을 상대방에게 말해서 퇴치하는 것도 쉽지 않다.

이럴 때 자신의 정신을 바꾸는 것으로 타인을 신경 쓰지 않을 수 있다. 가장 쉬운 방법은 내가 '남의 눈을 너무 신경 쓴다'는 점을 이해해야 한다.

누군가에게 미움을 받고 있거나 자신에 대한 감정이 좋지 않다고 느낀 적은 없는가? 그 대부분은 착각에 지나지 않지만 미움을 받고 있다는 생각이 들면 반응이나 말투까지 바뀌고 만다. 그 결과 상대방에게 부정적인 인상을 주고 상대방에게도 부정적인 반응이 나와 서로 사이가 더 나빠진다.

그래서 내 정신을 바꾸는 게 굉장히 중요하다. 그렇다고 상대방이 나를 좋아해 주길 바랄 필요도, 무리해서 따를 필요도 없다. 그렇다면 어떻게 해야 할까? 남의 눈을 신경 쓰지 않으면 된다. 그러면 인간관계가 크게 좋아진다.

나 자신도 사람들과 잘 어울리는 유형이 아니라 나를 싫어하지 않았으면 좋겠다 혹은 귀찮은 일은 싫다 생각해 인간관계에 거리를 두어 왔다.

하지만 내가 생각하는 것만큼 상대방은 나를 싫어하지 않는 것은 아닌지, 의외로 자신에게 마음을 열어주는 것은 아닌지, 애초에 상대방이 마음을 열어주든 아니든 상관없다고 생각하게 되면 자기 뜻대로 움직일 수 있다.

그러면 신기하게도 나를 좋아해 주는 사람이나 응원해주는 사람이 모여들고 어느새 싫은 사람들이 주변에서 사라진다.

왜냐하면 남의 눈을 신경 쓰지 않고 자신이 어떤 사람인지 드러내다 보면 그것에 공감하는 사람들만 자연히 모이고 싫은 사람은 떠나기 때문이다.

예를 들어 독서를 좋아한다는 이야기를 늘 하다 보면 똑같이 독서를 좋아하는 사람들이 모여든다. 반대로 책 읽는 것을 좋아하지 않는 사람들은 자연스럽게 멀어져 간다. 만약 그 멀어진 사람 중에 나를 공격하는 사람이 있어도 나와 사고방식이나 가치관이 같은 동료가 생기면 공격당하지 않는다.

결국 인간관계를 크게 변화시키려면 남의 눈을 신경 쓰지 않는 것이 매우 중요한다. 남의 눈을 신경 쓰지 않고 나는 나, 너는 너라고 생각하게 된 후에 자신을 속이지 않고 남에게 친절을 베푸는 것이 매우 중요한다.

남의 눈을 너무 신경 써서 자신을 죽이는 삶은 위험하다.

이 생각에서 벗어나면
인생이 크게 변하는 세 가지

자신의 인생이 좀처럼 변하지 않는다는 사람이나 괴로운 상태를 벗어나지 못하는 사람, 혹은 늘 안절부절못하는 사람이 빠져 있을 가능성이 높은 믿음(편견)에는 세 가지가 있다.

모두 인생을 크게 좌우할 편견들이다.

편견 ❶ = 이용 가능성 휴리스틱(heuristic)

인간의 뇌는 처리 능력으로 보면 컴퓨터보다 어려운 것들도 가능하지만 되도록 에너지 절약을 하려고 한다. 그렇기 때문에 평소에 불필요한 것을 줄이고 손쉽게 결정하고 만다.

예를 들어 요리할 때 눈대중으로 조미료를 넣지만 컴퓨터는 그렇게 할 수 없다. 양을 정확하게 재야 한다. 이 '대강'이라는 감각을 처리할 수 있는 것이 인간 뇌의 대단한 점이다.

모든 것을 정확히 재고 확인하려면 아무리 시간이 많아도 부족하다. 또 상대가 적인지 아군인지를 가려야 하는 상황에서 똑바로 판단하지 않으면 살아남을 수 없다. 그렇기 때문에 우리는 간편한 정보를 사용하여 대체로 옳다고 판단하도록 프로그래밍되어 있다.

이러한 성질을 심리학에서는 '이용 가능성 휴리스틱(복잡한 과제를 아주 간단한 판단 작업으로 단순화시켜 의사 결정하는 것으로, 논리적인 근거가 아닌 어림짐작을 통해 답을 도출해내는 것-옮긴이)'이라고 한다. 사람은 이러한 정보나 딱 보고 알 수 있는 정보로 사물을 결정한다. 이것이 착각하는 원인이 되기도 한다. 이용 가능성 휴리스틱에 너무 의존하면 외형적 정보에 속아 넘어갈 수 있다.

예를 들어 눈앞에 10만원짜리 와인과 만 원짜리 와인이 있으면 10만원짜리 와인이 더 맛있게 보인다. 이 또한 이용 가능성 휴리스틱이라 할 수 있다. 와인에 대한 전문 지식이 없을 때 이용 가능한 정보는 금액뿐이다. 그래서 10만원 와인으로 결정한다.

그래서 어렵거나 중요한 결단을 내릴 때 간편한 정보에 의존해 조사할 필요가 있는 정보를 무시하고 있지는 않은지 생각해야 한다.

편견 ❷ = 현상 유지 편견

사람은 인생이나 환경, 일, 인간관계, 연애 등의 상황이 매우 나빠도 가능한 현상을 유지하려는 안타까운 동물이다.

지금 상황을 바꾸려고 하면 지금보다 더 나빠질 가능성도 있다. 그렇다면 바꾸지 말자 생각하는 것이 바로 이 '현상 유지 편견'이다. 이것은 인생을 바꿀 수 없는 사람이 빠지기 쉬운 믿음이라 할 수 있다.

예를 들어 사귀고 있는 남친이 나쁘다는 것을 알고 있지만 그 관계를 그만둘 수 없다는 여성이 꽤 있다. 이것도 현상 유지 편견에 빠져 있는 것이다. 사실 현상 유지 편견의 무서운 점은 그 후에 일어나는 일에 있다. 주변에서 열심히 설득해 간신히 헤어지고 이제 나쁜 남자와는 절대 사귀지 않겠다고 해도 또 똑같은 나쁜 남자와 사귀는 일이 일어난다.

인간의 뇌는 자신에게 익숙한 것이나 지금까지와 마찬가지의 결론이 나는 것에 대해 그것이 비록 비극일지라도 그쪽을 선택하고 만다. 즉, 자신을 아껴줄 만한 좋은 사람과 연애를 해본 적이 없다면 그것은 뇌에게는 미지의 세계이기 때문에 그 선택을 피한다. 분명히 불행해질 것 같은 상대라도 현상 유지를 관철하려 한다.

우리는 좋아도 나빠도 현상 유지를 좋아하는 동물이다. 그래서 인생에서 중요한 변화를 일으킬 결정을 내릴 때 그만둘까 하는 생각이 든다면 그건 단지 뇌가 현상 유지를 하고 있는 것은 아닌지 의심해 보자.

지켜야 할 것이 있거나 상대방이 매우 소중한 경우가 아니라면 현상 유지 편견을 떨쳐버려야 인생이 크게 달라질 수 있다. 이런저런 이유로 좀처럼 인생을 바꿀 수 없는 사람은 대개 이 현상 유지 편견의 영향을 받고 있다.

현상 유지 편견을 떨쳐버리려면 살고 있는 장소나 옷, 인간관계 등 쉽게 확인 가능한 부분을 바꾸면 효과가 있다. 특히 성격은 절반 이상은 인간관계의 영향을 받기 때문에 사귀는 사람을 바꾸면 현상 돌파로 이어지기 쉽다.

편견 ❸ = 임팩트 편견

이는 인생에서 절망하기 쉬운 사람이 빠지기 쉬운 편견이다. 우리는 꿈을 실현하면 멋진 미래가 기다리고 있을 거라 생각한다. 예를 들어 이상적인 직업을 가지면 멋진 인생이 기다리고 있다, 유튜버가 되면 집에서 영상만 찍어도 돈을 벌 수 있고 자유로운 삶을 살 수 있다, 사장이 되면 누구에게도 고개 숙이지 않고 살아갈 수 있다 생각하는 사람도 있을 것이다.

하지만 안타깝게도 인간의 기쁨은 생각만큼 오래 지속되지 않는다. 무언가를 달성해도 금방 그것에 익숙해지고 자신이 꿈꾼 상황이나 꿈꾼 것을 손에 넣어도 행복도는 원상태로 돌아간다.

장기간 기쁜 마음이 이어지는 것이 아닌데도 한번 맛본 큰 기쁨이 영원히 계속될 것이라 믿어버리는 것이 '임팩트 편견'이다.

또한 대부분이 꿈꾸고 있는 상황이나 이상이 이루어졌을 때의 감정이나 자신의 행복도를 무척 크게 짐작한다. 그 결과 노력해서 꿈꿨던 자리를 손에 넣었을 때 실제로는 이런 것이구나, 원했지만 그리 좋은 것은 아니다는 느낌이 들기도 한다.

이렇게 꿈이나 소망을 달성하더라도 절망이나 낙담을 느끼는 것이 임팩트 편견이다. 즉, 인간은 자신의 꿈이나 이상이 이루어졌을 때에 대한 기대를 너무 크게 한다.

중요한 것은 그것을 유지하기 위해 자신을 변화시켜 나가는 것이나 유지를 위해 노력하는 것이다. 달성하면 끝이 아니라 거기가 또 다른 시작이다.

그것을 생각하지 않으면 아무리 바라는 결과나 이상을 손에 넣었다고 해도 인생에 절망하고 다시 원래대로 돌아간다.

이상이 인생을 바꾸는 것을 방해하는 착각들이다. 반대로 말하면 이 세 가지를 돌파할 수 있다면 인생이 크게 바뀔 것이다.

우리는 인생을 크게 바꾸려면 크게 성장하거나 기회를 잡아야 한다고 생각하기 쉽다. 하지만 실제로는 이러한 불필요한 생각만 사라져도 남보다 앞설 수 있게 된다.

의욕과 자신감, 그리고 좋은 인간관계를 일주일 만에 손에 넣는 방법

영국 켄트 대학교(University of Kent)의 연구에서 학생들을 모아 일주일 동안 어떤 것에 관한 글을 쓰게 했다. 이를 통해 학생들의 정신이 얼마나 달라지는지를 알아본 것이다.

그 결과 인생이나 공부에 대한 의욕이 크게 높아졌고 자신을 좋아하지 않았던 감정이 줄어들어 자신감을 갖게 됐다. 그리고 타인에 대한 배려와 공감 능력, 협동심까지 높아지면서 인간관계도 좋아졌다. 스트레스도 적어지고 이전과 똑같은 활동이나 행동을 해도 스트레스를 느끼기 어려워졌다는 것도 밝혀졌다. 단 일주일 동안 무언가를 쓰는 것만으로도 이렇게 큰 효과가 나타난 셈이다. 그 무언가란 '나는 어떻게 죽을 것인가?'였다.

예를 들어 인생이 내일 끝난다면 나는 무엇을 할 것인가, 내 삶에서 남은 시간이 한 달밖에 남지 않았다면 무엇을 할 것인가, 내가 죽을 때 지금의 나를 어떻게 생각하고 싶은가, 지금 죽는다면 누구에게 감사를 전하고 싶은가 등 죽음에 관련된 것을 생각하고 그것을 쓰도록 했다.

이런 것을 하면 정신적으로 병에 걸릴 것 같다고 생각할 수 있지만 실제로는 앞서 말한 것처럼 긍정적인 효과가 다양하게 나타났다. 누구에게나 자신의 죽음은 매우 무서운 일이다. 자신의 죽음을 생각하고 싶지는 않지만 죽음의 공포를 마주하는 것은 큰 효과가 있다. 죽음을 생각하면 지금 자신이 살아 있는 것에 대한 고마움이 커진다.

삶에 의욕을 느끼지 못하거나 인간관계가 귀찮거나 자신감이 없는 사람도 죽음을 의식하고 무심코 보내는 하루하루의 시간이 얼마나 고마운지 이해하면 인생에 희망을 갖게 된다.

죽음이라는 것을 생각하면 지금이 얼마나 큰 복을 받고 있는가에 정신이 향하고 그 결과 의욕이 생긴다.

일주일 만에 자신의 의지를 북돋우고 자신감을 키워 인간관계까지 좋게 만들고 싶다면 죽음을 생각해 보자. 그리고 종이에 적어 보는 것이 좋다.

언젠가는 독립하고 싶고 자신의 가능성에 도전하고 싶은 사람도 지금까지 주변 환경을 탓하거나 그렇게 할 수 없는 이유를 늘어놓았을지도 모른다. 하지만 이제 의욕이 고조되면서 한 걸음을 내디딜 수 있게 될 것이다.

정말 믿을 수 있는
인간관계를 만드는 유일한 방법

하버드 대학교의 연구를 살펴보면 인생의 좋고 나쁨을 결정하는 것은 돈이나 일이 아니라 인간관계가 얼마나 충실한가 라고 한다.

나처럼 친구가 적은 사람에게 다행인 점은 인간관계의 충실함은 숫자가 아니라는 것이다. 페이스북에 몇 천 명의 친구가 있어도 별 의미가 없다.

친구가 사회적으로 어려운 처지에 처하면 꼭 도와주고 싶고 반대로 내가 그런 처지가 되었을 때 도와줄 친구가 있는지가 중요하다. 이런 친구가 얼마나 있느냐가 삶의 질을 좌우한다.

캔자스 대학교(University of Kansas)는 연구에서 정말 마음을 열고 사귈 수 있는 친구를 만드는 방법을 조사했다. 그에 따르면 인간관계를 만드는 방법에는 크게 두 가지가 있다.

❶ 선택적 인간관계

그 사람과 만나고 싶으니까 스스로 연락을 하거나 그 사람과 이야기를 하고 싶으니까 먼저 일정을 짜서 연락하는 등 스스로 적극적으로 선택한 인간관계다.

❷ 폐쇄적 인간관계

폐쇄된 공간이나 환경이기 때문에 만나야 하는 인간관계

다. 예를 들어 회사 동료, 학교 친구, 이웃 사람, 친척과 같이 내가 선택한 것이 아니라 환경 때문에 만나야 하는 인간관계를 말한다.

우리의 인생을 결정하는 인간관계를 두 가지로 종합한 것이다.

이른바 친한 친구라 할 수 있는 관계는 그 사람이 있으면 안심되고 서로 신뢰할 수 있는 관계를 말하는데, 인생에 큰 가치가 되는 인간관계를 만들 때는 '선택적 인간관계'에 시간과 노력을 투자하는 편이 좋다는 것을 캔자스 대학교의 연구로 분명히 알 수 있다.

회사 동료이기 때문에 친구가 되었다, 반이 같아서 친구가 되었다, 대학 동아리가 같아서 친구가 되었다 등 여러 상황이 있겠지만 사실 학교나 회사에서 함께한다 해도 그 자체로는 별 의미가 없다.

학교나 회사가 끝난 후 선택적으로 만나고 싶고 상대방도 그렇게 하고 싶은 관계만이 인생에 큰 영향을 주는 친구 관계라고 부를 수 있다.

하지만 그 사람과 친해지고 싶어 선택했더라도 실제로 친해지지 못한다면 실망할 것 같지 않은가? 이 점에 대한 캔자스 대학교의 연구 결과 또한 매우 흥미롭다. 마음을 허락할 수 있는 친한 친구가 되려면 어떤 조건을 만족시켜야 하는지 알아본 것이다.

이는 새로운 인간관계를 만들어야 하는 429명을 대상으로 한 연구다. 구체적으로는 지난 6개월 동안 새로운 곳으로 이사한 사람들만 온라인으로 모으고 새로운 곳에서 만난 사람과 얼마나 많은 시간을 보냈는지, 어떻게 사이가 돈독해졌는지 정기적으로 물었다.

그 결과 새로운 인간관계를 만들었을 때 소위 친한 친구라고 부를 수 있는 관계가 되는 데 중요한 것은 사실 시간뿐이라는 것이 밝혀졌다.

함께한 시간에 비례해 둘 사이는 깊어져 간다. 어떤 대화를 하느냐, 어떤 활동을 하느냐는 상관이 없고 자신이 선택한 사람이라면 그 사람과 보내는 시간이 길수록 관계가 깊어졌다.

그리고 이 연구는 몇 시간을 함께 지내면 친한 친구나 마음을 허락하는 관계가 되는지도 밝히고 있다. 자신이 선택하여 만난 후 함께 보낸 시간이 50시간을 초과하면 가끔 얼굴을 볼 정도의 친구가 될 수 있다.

그리고 90시간 정도 만나면 그 관계성은 크게 깊어져 소위 말하는 마음이 맞는 친구가 될 수 있다. 함께 있으면 즐겁거나 마음이 맞는다고 생각되는 친구가 될 수 있는 것은 대략 90시간이었다.

그럼 친한 친구라고 부를 수 있는 친밀한 친구가 되려면 어느 정도의 시간이 필요할까? 이는 평균 200시간이 필요했다. 스스로 연락해 200시간을 같이 보내면 꽤 친해질 수 있다.

갑자기 200시간이라고 생각하면 힘들지도 모른다. 하지만 50시간을 함께 보내면 가끔 얼굴을 보는 친구가 되고, 90시간을 함께 보내면 상당히 마음이 맞는 친구가 될 수 있기 때문에 이후 200시간까지 가는 것은 그리 어렵지 않다.

마음이 맞는 친구가 되려면 공통적인 취미가 중요하다는 사람도 있는데 이는 대화가 없어도 함께 있는 시간을 벌 수 있는 것이 공통된 취미라는 뜻이다.

그런 의미에서 상대방의 취미에 관심을 갖고 함께 해보는 것도 나쁜 생각은 아니다.

함께 보내는 시간이 자연스럽게 늘어나 친밀감이 더할 수 있을 뿐만 아니라 혼자라면 관심이 없었을 새로운 체험을 할 수도 있다.

- 스스로 선택해 만난다
- 함께 보내는 시간을 늘린다

사이 좋은 친구를 만드는 핵심은 이 두 가지다. 이렇게 생각하면 좋은 친구를 사귀는 것이 무척 쉽게 느껴질 것이다.

인간관계에서 손해 보는 사람과 이득을 보는 사람을 결정하는 것

인간관계가 잘 안 풀리는 사람, 혹은 본인은 나쁘지 않은데 나쁜 사람들만 주변에 모여 인간관계에서 손해를 보는 사람이 있다. 인간관계에서 손해를 보는 사람과 이득을 보는 사람의 차이는 '신용 프리미엄'을 만들 수 있느냐에 있다. 즉, 주변 사람에게 얼마나 신용받고 있는지로 결정되는 것이다.

누구나 자기가 믿는 사람에게는 잘하려고 한다. 믿는 사람은 속이지 않고 믿는 사람에게는 중요한 일을 맡기고 싶으며 믿는 사람의 부탁이라면 들어주고 싶다. 결국 인간관계에서 이득을 보는 사람은 신용을 받는 사람이다.

그래서 인간은 어떤 점에 영향을 받아 사람을 신용하는지, 어떤 행동을 해야 남들의 신용을 받을 수 있는지 이해해야 한다.

이른바 '좋은 사람'에는 두 종류가 있다.

하나는 굉장히 믿음이 가는 사람으로 자신의 결단이나 중요한 일을 의논할 수 있고 인생에서 큰 도전을 할 때 꼭 그 사람과 함께하고 싶은 능력까지 신용할 수 있는 사람이다.

다른 하나는 뭐든 바로 믿고 따라가거나 너무 좋은 사람이라서 다른 사람을 비판하지 못하는 사람이다.

이 차이는 꽤 크다. 능력까지 믿음이 가는 사람은 섣불리 그 사람을 속이려 해도 앙갚음을 당할 수 있어 나쁜 사람들도 함부로 하기 어렵다.

그런데 능력이 좋지 않고 착한 사람으로만 보이는 사람은 쉽게 속을 거라고 생각해서 나쁜 사람들이 모여든다. 그렇게 되면 인간관계에서 손해를 보기 쉽다.

사람이 신용을 받기 위한 조건은 다음과 같다.

❶ 능력이 있다는 증명
❷ 강한 의지 표명

인간은 능력이 높고 의지가 강한 사람을 매력적이라고 생각하고 믿는다.

능력이 높고 의지도 강하기 때문에 자신의 동료를 지키기 위해 위험을 감수할 수 있다. 그래서 아무도 속이려 하지 않고 만약 속여서 적으로 돌리면 반드시 복수를 당한다. 또 되갚아 줄 때는 꽤나 위협적이고 무서워 나쁜 사람들은 그런 사람 주변에 다가가지 않는다.

또 같이 일하고 싶고 서로에게 좋은 인간관계를 만들고 싶은 사람은 반드시 어느 정도 능력이 있고 의지가 강한 사람을 찾는다. 그렇기 때문에 그 사람 주변에는 좋은 사람들이 자연스럽게 모이는 것이다.

능력이 있다는 점을 보여주는 것은 중요하지만 자신의 실적이나 경력을 무조건 알리면 매력이 사라진다. 이렇게 직접 자랑하면 싫은 사람으로 보이며 실제로는 능력에 자신이 없는 경우가 많다. 당연하지만 자신의 능력에 자신 있는 사람은 자랑하지 않는다.

그렇다면 어떻게 해야 상대방이 능력이 있다고 생각해 줄까? 이때 능력이 있을 것 같다는 느낌을 주는 태도나 행동을 보일 수 있는지가 매우 중요하다.

그렇다면 신용도를 높이기 위해 꼭 필요한 태도 두 가지를 소개한다.

❶ 상대방과 눈을 마주친다

가람들은 말할 때 상대방과 눈을 마주치지 않는 사람이 많다. 하지만 눈을 마주치는 것은 매우 중요하다.

왜냐하면 눈을 맞춘다는 것은 IQ(지능지수)와 상관관계가 있기 때문이다. IQ가 높은 사람이나 머리가 좋은 사람, 능력이 좋은 사람일수록 상대방과 적극적으로 눈을 맞추는 것으로 알려져 있다.

사람들은 눈을 마주치는 횟수가 많은 사람에 대해 직관적으로 능력이 좋고 지적이라 판단한다. 그래서 자신의 능력이 그다지 높다는 생각이 들지 않아도 의도적으로 상대방과 눈을 마주치면 지적인 사람으로 판단되기 쉽다.

예를 들어 상사나 선배가 깔보게 되면 성가신 일을 주거나 그들 마음대로 이용되기도 한다. 그런 상대와는 사이좋게 지내는 편이 이득이기 때문에 가능한 눈을 맞추고 이야기하자. 그러면 상대는 왠지 모를 압박감을 느끼고 성가신 일을 줄 가능성이 줄어든다.

또한 선배나 상사가 자랑을 좀 부풀려 이야기할 때는 즐겁게 듣는다는 느낌을 주면서 눈을 돌리지 않도록 한다. 그러면 부풀려 이야기한 부분을 꿰뚫어보고 있다는 느낌을 주어 만만치 않다는 인상을 줄 수 있다. 이 만만치 않다는 것이 굉장히 중요하다.

이외에도 '이야기를 이해하기 쉽다', '조금 말이 빠르다', '제스처가 많다', '고개를 끄덕이는 횟수가 많다', '등을 쫙 펴고 있다' 등도 능력이 좋게 보이는 태도로 전부 연습하면 바로 실행할 수 있다. 먼저 눈맞춤부터 시작하자.

❷ 엄격함을 드러낸다

사람은 유혹이나 욕구에 지기 쉬운 사람을 잘 믿지 않는다. 이는 당연한 것으로 자기 편이라도 의지가 약하거나 유혹에 쉽게 넘어가는 사람은 배신할 수 있기 때문이다.

신용할 수 없는 사람과 함께하면 막판에 배신당할 수도 있으니 자신을 배신하지 않는지 확인하고 싶어 한다. 적이 아니라는 것을 판단하는 것은 당연하고 이와 동시에 유혹에 넘어가지 않는지 잘 살펴본다.

다이어트 중의 과식, 충동 구매, 자신이 정한 것을 지키지 않는 행동, 지각 등 자제심이 부족한 행동을 하는 사람은 신용도가 떨어진다는 것이 연구를 통해 밝혀졌다.

반대로 자신이 결정한 것을 꾸준히 지키는 엄격함을 주변에 드러내면 신용도가 높아진다.

엄격해지려면 적어도 남이 보는 앞에서는 유혹에 넘어가지 않아야 한다. 주변에서 봤을 때 엄격하다는 생각이 드는 행동을 남이 보는 곳에서 할 수 있도록 습관화하자.

신용 프리미엄을 몸에 익히기란 어렵겠지만 이것을 의식적으로 시작하는 것은 쉬우니 꼭 실천해 보자.

▍'아무래도 좋은 사람'에서 졸업하기 위한 세 가지 기술

남을 돕거나 봉사를 나가거나 친절을 베푸는 것은 훌륭한 일이다. 심리학적으로도 다양한 장점이 있다는 사실이 밝혀졌다. 하지만 상대방이 나를 좋아하길 바라고 열심히 돕는 것은 별 의미가 없다는 것이 연구를 통해 알려졌다.

동성이든 이성이든 나이가 많든 적든 누군가와 친해지려 할 때 상대방을 위해 뭔가를 해주겠다거나 할 수 있는 게 있으면 도와주고 싶다는 것이 사람 마음이지만 심리학적 전략으로는 그보다 더 좋은 방법이 있다.

영국 하트퍼드셔 대학교(University of Hertfordshire)의 리처드 와이즈먼(Richard Wiseman)의 연구를 소개한다.

미움을 받는 것이 두려워 주변의 부탁을 거절할 수 없거나 다른 사람의 사랑을 받고 싶고 사회적으로도 좋은 사람이 되고 싶어 'NO'라고 말할 수 없다는 사람이 있다. 하지만 실제로 좋아하게 되는 것은 자신이 돕고 있는 사람이라는 사실이 다양한 연구를 통해 밝혀졌다.

즉, 나를 좋아하길 바라는 사람이 있다면 그 사람의 도움을 받는 것이 좋다. 그 사람에게 많은 도움을 받을수록 나를 더 좋아해준다.

도와준 사람을 좋아하는 이유에는 여러 가지 설이 있다. 그 중 하나가 '인지적 부조화 해소 이론'이다. 쉽게 말해 기본적으로 뇌는 모순을 싫어하기 때문에 모순이 일어나면 앞뒤를 맞추려고 한다.

최근에 도와준 사람이나 평소에 도와주고 싶은 사람은 당연히 중요한 사람일 것이다. 소중한 사람을 도와주고 싶기 때문에 그다지 좋아하지 않거나 싫어하는 사람을 도와주면 모순이 생긴다.

그 모순을 해소하기 위해 뇌는 도움을 준 상대를 '내가 좋아하지 않았지만 잘 생각해 보니 말도 잘하고 이 사람에게도 좋은 점은 있어. 사실은 좋아했던 게 아닐까? 좋아했으니 도와준 것이겠지.'라며 제멋대로 자신의 감정을 바꾼다.

그런데 어떤 부탁이든 들어주고 항상 도와주지만 연애 상대는 물론 '좋은 사람'도 아닌 '아무래도 좋은 사람'이 있다. 사실 이는 도움을 받지 않아서다.

자신이 도와주는 상대방을 점점 더 좋아하게 된다. 그리고 이만큼 도와주고 있으니 상대방도 자신을 소중히 생각할 것이라는 기대가 자꾸 커져간다.

그런데 도움을 받을 일이 없으면 호감도가 올라가지 않는다. 그러면 친구라고 생각했는데 중요한 순간에 배신당했다던가 상대방은 자신에게 그만큼 호감을 갖고 있지 않았다고 생각하게 된다는 것이 밝혀지기도 했다. 실제로 자신이 친구라고 생각하는 사람이 자신을 친구라고 생각할 확률은 대략 50%라고 알려져 있다.

그래서 남들이 나를 좋아하게 만드는 가장 중요한 요소는 '잘 도움을 받는 기술'이다. 상대에게 작은 것을 부탁해서 도움을 받도록 하자.

주변에서 사고한 도움을 받고, 그리고 그것이 부담을 주지 않는 선이여야만 좋은 인간관계를 만들 수 있다. 이것이 타인에게 미움 받지 않는 가장 강력한 기술이다.

그런데 많은 사람들이 이것을 반대를 실행하고 있다. 나를 좋아하길 바라서 열심히 도왔는데 별로 나를 좋아하지 않고 결국 한계가 와서 인간관계에 지쳐버린다. 그렇게 되면 필요할 때 나를 도와줄 사람이 사라지고 이용하려는 사람들만 모인다.

원래 인간은 약점으로 사랑받는 동물이다. 그러니 자신의 약점이나 서투른 점을 보여 상대방이 '도와주기 쉬운 사람'이 되자.

나 같은 경우 책을 많이 읽어서 무엇이든 알고 있다는 이미지를 주기 쉬운데 당연히 모르는 것이 많다. 그럴 때는 관심을 갖고 알려 달라고 한다. 도움을 받기 때문에 나를 좋아하게 될 수도 있다.

그렇지만 남에게 도움을 받는 것에 저항감이 있는 사람도 있을 것이다. 부탁했는데 거절당하면 어떻게 할까, 상대방에게 부담이 되는 것은 아닐까 신경 쓰는 사람도 있을 것이다.

상대에게 부담이 되지 않고 거절당해 상처 받는 일이 없도록 도움을 잘 받기 위한 세 가지 기술을 소개해 본다.

❶ 부탁은 상대방에게도 이점이 있다

먼저 남에게 부탁을 하는 것은 나쁜 것이 아니라 오히려 상대방에게도 이점이 있다는 것을 이해하자. 즉, 부탁했을 때 상대방이 그에 응했을 때는 상대방에게도 심리적으로 큰 장점이 있다는 뜻이다.

타인에게 의지하는 것을 남의 힘을 빌린다고 생각하는 사람도 있고 타인에게 의지하기만 한다고 비판하는 사람도 있지만 상대방이 그것을 어떻게 생각하는지는 상대방의 입장에 서 보지 않으면 모른다. 부탁을 받았을 때 성가신 경우와 그렇지 않은 경우가 있다. 자신이 잘 못하는 것이나 싫어하는 것을 부탁받으면 성가시게 느껴진다.

그럼 어떤 부탁이라면 흔쾌히 받아들일까? 그것은 상대방이 잘하는 것이다. 잘하는 것을 부탁받으면 자신이 존중받고 인정받고 있다는 느낌을 받아 자존감도 높아지고 존재 가치가 있다고 느낀다. 부탁을 하면 상대방의 존재 가치를 인정하게 되는 셈이다.

나 같은 경우 심리학적 대처 방법을 물어보거나 조언을 해 달라고 하면 물 만난 물고기처럼 지식을 말할 수 있어서 매우 만족스럽다. 내가 공부한 것이 많은 사람들에게 도움이 된다는 생각에 필요한 존재라고 느낄 수 있다.

이 필요한 사람이라는 느낌은 인간이 돈을 주고서라도 얻고 싶은 것인데 좀처럼 얻을 수 없는 것이다. 그래서 상대방을 관찰하고 이해한 후 상대방이 갖고 있는 높은 능력이나 잘하는 것, 혹은 상대방의 자존감을 자극할 수 있는 것을 부탁하자.

❷ 부탁은 의외로 거절할 수 없다

사람은 부탁을 받고 그것을 거절하는 경우가 거의 없다. 이 것도 앞서 설명한 것과 마찬가지로 내가 부탁을 하는 쪽이라면 어떻게 느낄까 생각해 보면 알 수 있다. 역시 거절하는 것은 너무 어렵지 않은가? 즉, 부탁을 받는 쪽은 부탁을 거절하는 것이 어렵고 시간과 돈, 노력이 너무 많이 드는 것이 아니라면 최대한 도와주려 한다.

실제로 부탁했을 때 그것을 거절당할 확률은 우리가 생각하는 것보다 훨씬 낮다는 것이 다양한 연구를 통해 밝혀졌다. 우리가 생각하는 확률보다 2배 정도 높은 확률로 상대방은

"YES!"라고 대답해 줄 것이다.

부탁을 잘 받아준 경우에는 상대방이 나를 좋아하기 쉬워지고 만일 거절당해도 부탁하지 않았을 때와 같은 상황으로 돌아갈 뿐이기 때문에 부탁을 하는 것이 좋다.

연구 등에서는 시간과 노력이 무척 많이 드는 설문 조사를 부탁하는 실험을 하기도 하는데 우리는 상대방이 나를 좋아하길 바라고 부탁하는 것이기 때문에 장벽을 최대한 낮춰 작은 부탁을 하는 것이 좋다. 사소한 것을 횟수를 거듭해 부탁하자.

❸ 되갚음을 암시한다

자신이 부탁을 받기만 하는 경우에는 상대방에게 '되갚음 암시'를 미리 주어 두자. 암시를 준다고 하면 상당히 수상한 생각이 들겠지만 실제로는 매우 간단하다.

이는 부탁을 받는 경우에 취해야 할 행동으로 두 가지가 있다.

하나는 부탁을 받았을 때 나도 뭔가 부탁을 한다. 먼저 상대방의 부탁을 들어주는 것이기 때문에 그 시점에서 나는 매우 좋은 사람이다. 이때 대신에 무언가를 부탁했을 때 만약 상대방이 그것을 해주지 않을 경우 상대방은 매우 나쁜 사람이 되어 버린다.

이러한 죄책감을 사용하여 상대를 통제하는 방법은 옛날부터 나쁜 사람이 이용해 온 방법이지만 늘 부탁만 받아 곤란한 경우라면 사용해도 좋다.

두 번째는 향후 협력해줄 것을 약속받는 것이다. 부탁을 받는 대신 뭔가 부탁하려 해도 딱히 그럴 거리가 없는 경우도 있을 것이다. 그럴 때는 "어려울 때는 서로 사정을 아니 해주어야지. 혹시 내가 곤란할 땐 당신이 도와줘."라고 말해 두자.

구체적인 부탁을 받았을 경우 다음과 같이 말한다.

"당연히 해줘야지. 다음에 내가 집에 사정이 있어서 빨리 가야 할 때는 도와줘. 우린 친구잖아."

중요한 것은 상대방이 "그래!"라고 말하게 만들어 향후 협력해 줄 것을 약속받는 것이다. 이렇게 하면 실제로 어려울 때 도움을 줄 확률이 높아진다.

기브 앤 테이크의 드라이한 관계처럼 보일지 모르지만 평소 이렇게 해두면 서로 돕는 사이가 되어 친해질 수도 있다. 참고로 이는 싫어하는 사람과 친해질 때도 사용할 수 있는 기술이다.

참고문헌

■ 들어가며

James W. Pennebaker (2014). *Expressive Writing: Words That Heal*.

Carol Dweck (2017). *Mindset-Updated Edition: Changing The Way You think To Fulfil Your Potential*.

Kate Hefferon(2013). *Positive Psychology and the Body: The Somatopsychic Side to Flourishing*.

Eilin Ekeland, Frode Heian, Kåre Birger Hagen, Jo Abbott, Lena Nordheim (2004).
"Exercise to improve self-esteem in children and young people"

William E. Copeland, Dieter Wolke, Suzet Tanya Lereya, Lilly Shanahan, Carol Worthman, and E. Jane Costello(2014). "Childhood bullying involvement predicts low-grade systemic inflammation into adulthood"

■ 제 1 장

Daniel J. Dickson, Brett Laursen, Olivia Valdes and Håkan Stattin(2019). "Derisive Parenting Fosters Dysregulated Anger in Adolescent Children and Subsequent Difficulties with Peers"

Mai Stafford, Diana L. Kuh, Catharine R. Gale, Gita Mishra, Marcus Richards (2016). "Parent-child relationships and offspring's positive mental well-being from adolescence to early older age"

Anna Dorfman, Harrison Oakes, Igor Grossmann (2019). "Rejection sensitivity hurts your open mind: Effects of rejection sensitivity and power position for wise reasoning in workplace conflicts"

Emma Levine, Taya R. Cohen (2017). "You Can Handle the Truth: Mispredicting the Consequences of Honest Communication"

Erica J. Boothby, Gus Cooney, Gillian M. Sandstrom, more (2018). "The Liking Gap in Conversations: Do People Like Us More Than We Think?"

Magdalena Rychlowska, Rachael E. Jack, Oliver G. B. Garrod, Philippe G. Schyns, Jared D. Martin, Paula M. Niedenthal (2017). "Functional Smiles: Tools for Love, Sympathy, and War"

Eti Ben Simon & Matthew P. Walker (2018). "Sleep loss causes social withdrawal and loneliness"

Ph.D. Simon, George K., Jr. (2010). *In Sheep's Clothing: Understanding and Dealing With Manipulative People*.

■ 제2장

Varoth Chotpitayasunondh, Karen M. Douglas (2018). "The effects of "phub-bing" on social interaction"

Alex C. Huynh, Daniel Y.-J. Yang, Igor Grossmann (2016). "The Value of Prospective Reasoning for Close Relationships"

Madsen Pirie (2007). *How to Win Every Argument: The Use and Abuse of Logic.*

Bo Bennett (2018). Logically Fallacious: The Ultimate Collection of Over 300 Logical Fallacies.

Alison Wood Brooks, Hengchen Dai, and Maurice E. Schweitzer (2013). "I'm Sorry About the Rain! Superfluous Apologies Demonstrate Empathic Concern and Increase Trust"

Tali Sharot (2018). *The Influential Mind: What the Brain Reveals About Our Power to Change Others.*

Scott A. Golder, Michael W. Macy (2011). "Diurnal and seasonal mood vary with work, sleep, and daylength across diverse cultures"

Man-pui Sally Chan, Christopher R. Jones, Kathleen Hall Jamieson, Dolores Albarracín (2017). "Debunking: A Meta-Analysis of the Psychological Efficacy of Messages Countering Misinformation"

Amy J. C. Cuddy, Susan T. Fiske, Peter Glick (2008). "Warmth and Competence as Universal Dimensions of Social Perception: The Stereotype Content Model and the BIAS Map"

『知ってるつもり―無知の科学』スティーブン・スローマン / フィリップ・ファーンバック著　土方奈美訳　早川書房　2018年

■ 제3장

Deborah Son Holoien, Susan T. Fiske (2013). "Downplaying positive impressions: Compensation between warmth and competence in impression management"

Heidi Grant Halvorson (2015). "No One Understands You and What to Do About It"

Michelle Kilpatrick, Kristy Sanderson, Leigh Blizzard, Brook Teale, Alison-Venn (2013). "Cross-sectional associations between sitting at work and psychological distress: Reducing sitting time may benefit mental health"

Joseph Chancellor, Seth Margolis, Katherine Jacobs Bao, Sonja Lyubomirsky (2018). "Everyday Prosociality in the workplace: The reinforcing benefits of giving, getting, and glimpsing"

Francesca Gino (2018). "The Business Case for Curiosity"

Lingtao Yu, Michelle K. Duffy and Bennett J. Tepper (2018). "Consequences of Downward Envy: A Model of Self-esteem Threat, Abusive Supervision, and Supervisory Leader Self-improvement"

Li Huang, Francesca Gino, Adam D. Galinsky (2015). "The highest form of intelligence: Sarcasm increases creativity for both expressers and recipients"

メンタリストDaiGo「嫌なやつを逆に利用する方法〈尊敬と軽蔑のロールモデル〉」〈https://www.youtube.com/watch?v=sIy4SLCKgmo〉

Ying Hu, Connor J. Parde, Matthew Q. Hill, Naureen Mahmood, Alice J. O'Toole (2018). "First Impressions of Personality Traits From Body Shapes"

Christopher Y. Olivola, Friederike Funk, Alexander Todorov (2014). "Social attributions from faces bias human choices"

Laurie Helgoe (2013). *Introvert Power: Why Your Inner Life Is Your Hidden Strength*.

Yilu Wang, Jianqiao Ge, Hanqi Zhang, Haixia Wang, and Xiaofei Xie (2020). "Altruistic behaviors relieve physical pain"

■ 第4章

Allison S. Gabriel, Joel Koopman, Christopher C. Rosen, John D. Arnold, Wayne A. Hochwarter (2020). "Are coworkers getting into the act? An examination of emotion regulation in coworker exchanges"

"Arlie Hochschild: The Presentation of Emotion" 〈https://www.sagepub.com/sites/default/files/upm-binaries/13293_Chapter4_Web_Byte_Arlie_Russell_Hochschild.pdf〉

James W. Pennebaker (1997). *Opening Up: The Healing Power of Expressing Emotions*.

ティモシー・A・サイズモア『セラピストのためのエクスポージャー療法ガイドブック：その実践とCBT　DBT　ACTへの統合』(2015年)

Nathan Heflick (2014). "Thinking about death can make you value life more"

Nora A. Murphy (2007). "Appearing smart: the impression management of intelligence, person perception accuracy, and behavior in social interaction"

Francesca Righetti, Catrin Finkenauer (2011). "If you are able to control yourself, I will trust you: the role of perceived self-control in interpersonal trust, Francesca Righetti"

「パレオな男」「Yu Suzuki」〈http://yuchrszk.blogspot.jp/〉
「パレオチャンネル(鈴木祐)」〈http://sp.ch.nicovideo.jp/paleo〉